Stuttgarter Kleiner Kommentar
– Neues Testament 9 –

W0173396

Stuttgarter Kleiner Kommentar
– Neues Testament 9 –

Herausgegeben von
Paul-Gerhard Müller

Walter Radl

Galaterbrief

Verlag Katholisches Bibelwerk GmbH, Stuttgart

Die Deutsche Bibliothek – CIP-Einheitsaufnahme

Stuttgarter kleiner Kommentar. –
Stuttgart: Verl. Kath. Bibelwerk.
Neues Testament / hrsg. von Paul-Gerhard Müller. –
NE: Müller, Paul-Gerhard [Hrsg.]; Miller, Gabriele [Hrsg.]
[N.F.], 9. Radl, Walter: Galaterbrief. – 4. Aufl. – 2003

Radl, Walter:
Galaterbrief / Walter Radl. – 4. Aufl. –
Stuttgart: Verl. Kath. Bibelwerk, 2003
    (Stuttgarter kleiner Kommentar:
    Neues Testament; [N.F.], 9)
    ISBN 3-460-15391-1

ISBN 3-460-15391-1
Mit kirchlicher Druckerlaubnis
© 1985 Verlag Katholisches Bibelwerk GmbH, Stuttgart
Druck: Ludwig Auer GmbH, Donauwörth

Inhaltsverzeichnis

VERZEICHNIS DER EXKURSE

ERSTER TEIL

Einleitung

1. Bedeutung

Dieser Brief des Paulus gehört zu den wichtigsten schriftlichen Zeugnissen, die uns aus dem 1. Jahrhundert der Kirche erhalten sind. Er ist vor allem historisch, theologisch und sprachlich bedeutsam.

Was das Historische betrifft, ist keine andere Quelle so aufschlußreich für das Leben des Paulus und die Geschichte des Urchristentums wie der Galaterbrief. Unter diesem Gesichtspunkt könnte man ihm höchstens die Apostelgeschichte an die Seite stellen. Aber deren Bedeutung als Geschichtsquelle wird dadurch gemindert, daß sie erst Jahrzehnte später und dazu von einem an dem Geschehen Unbeteiligten geschrieben ist. So unterscheidet sich ihre Darstellung richtungweisender Ereignisse, z. B. der Berufung des Paulus (Kap. 9; 22 und 26) und des »Apostelkonzils« (Kap. 15), vom Selbstzeugnis des Betroffenen. Und auch sonst läßt der Galaterbrief die bewegten Anfänge der Kirche aus nächster Nähe erleben und das Selbstverständnis der Urchristenheit unmittelbar erfahren.

Theologisch gesehen, ist der bedeutsamste Paulusbrief sicher der Brief an die Römer. Aber viele dort ausführlich verhandelte Fragen beantwortet im Kern schon der Galaterbrief. Das zeigt ein Vergleich folgender Textstellen:

Gal 2,15–21 mit   Röm 3,21–31 (Rechtfertigung)
Gal 3,6–18 mit   Röm 4,1–25 (Abraham)
Gal 4,6 f. mit   Röm 8,12–17 (die Gabe des Geistes)
Gal 5,13–25 mit   Röm 8,12 f.; 13,8–10 (Lebenswandel im Geist)

Darum wird der Galaterbrief mit Recht der »kleine Römerbrief« genannt. Und nicht umsonst hat *Martin Luther* ihn hochgeschätzt wie seine eigene Frau: »Er ist mir so lieb wie meine Käthe.«

Was schließlich von der Sprache der Paulusbriefe überhaupt zu sagen ist, das gilt in besonders hohem Maß vom Galaterbrief. Paulus ist zwar Jude. Aber er denkt und spricht griechisch. Und dies schätzen nun die Kenner des Griechischen an ihm: Er schreibt kein Übersetzungsgriechisch, sondern ein unmittelbar aus seinem Herzen kommendes Griechisch, das sich wenig an Vorbilder oder Schulen anlehnt und von seinem ganz persönlichen Stil geprägt ist. Gerade der Galaterbrief ist durchpulst von der Erregung des Apostels. Auf weite Strecken ist es ein im Zorn geschriebener, lodernder Brief.

2. Empfänger

Die Galater sind, wie der Name noch erkennen läßt, Nachkommen jener Kelten, die um 400 vor Christus von Norden her in Italien eingefallen sind, im Jahr 387 Rom erobert und ein Jahrhundert später Griechenland heimgesucht haben. Von dort wieder vertrieben, ließen sie sich im Herzen Kleinasiens, etwa im Umkreis des heutigen Ankara, nieder. Als Landplage gefürchtet, als Söldner begehrt, hatten sie dort eine bewegte Geschichte, bis schließlich Augustus im Jahr 25 v. Chr. ihre und noch weitere Gebiete zu einer römischen Provinz zusammenschloß.

Über die Gründung von Gemeinden bei ihnen haben wir nur spärliche Nachrichten. Nach der Apostelgeschichte zog Paulus auf seinen Missionsreisen zweimal durch »das galatische Land« (Apg 16,6; 18,23; vgl. Gal 4,13). Die dabei für das Evangelium gewonnenen keltischen Heiden sind gemeint, wenn Paulus seinen Brief »an die Gemeinden in Galatien« adressiert (1,3).

»Galatien« ist also nicht, wie manche Ausleger gemeint haben, die bis weit in den Süden Kleinasiens reichende römische Provinz, zu der auch die in Apg 13 – 14 vorkommenden Städte Antiochia, Ikonium und Lystra gehören. Als Provinzbezeichnung diente auch nicht »Galatien«, sondern eine Aneinanderreihung mehrerer Landschaftsnamen (einschließlich »Galatien«). Paulus schreibt vielmehr an die Bewohner der galatischen Landschaft. Sie kann er in 3,1 auch als »dumme Galater« anreden.

3. Situation

Wie kam es zur Abfassung dieses Schreibens? Nach 1,6 hört Paulus davon, daß sich die Galater »einem anderen Evangelium« zugewandt haben. Nicht lange nach seiner Abreise kamen offenbar, wie seine weiteren Ausführungen zeigen, andere Prediger in die Gegend und erklärten das paulinische Evangelium für unvollständig, die Galater müßten auch das Alte Testament samt den gesetzlichen Bestimmungen für das Bundesvolk übernehmen, und dazu gehöre vor allem das Bundeszeichen Israels, die Beschneidung (vgl. 2,3; 5,2.6.8.11.12; 6,12f.15).

Diese Gegner des Apostels waren zwar Christen, wie allgemein angenommen wird. Aber sie stammten aus dem Judentum und hielten sich auch nach der Annahme der Christusbotschaft an das Gesetz. Solche »Judenchristen« waren ja für die Urgemeinde in Jerusalem und darüber hinaus der Normalfall. Mit dem Eintreten von Heiden in die Gemeinden stellte sich aber die Frage, ob auch sie auf das Gesetz zu verpflichten seien. Die »gemäßigten« Judenchristen meinten, darauf verzichten zu können, extreme dagegen, die sogenannten Judaisten, eiferten und kämpften kompromißlos für die Geltung des Gesetzes auch bei den »Heidenchristen«.

Solche Judaisten hat Paulus im Auge, wenn er im Galaterbrief ausgesprochen abwertende Aussagen über das Gesetz macht und vernichtende Urteile über die Verfechter des Gesetzes fällt. Sein Brief ist darum keine antijüdische, geschweige denn eine antisemitische, sondern eine antijudaistische Schrift. Sie richtet sich gegen Judenchristen, die aus dem Evangelium von Christus noch keine Schlußfolgerungen gezogen haben, die der Glaube an Christus in ihrem Judesein noch nicht verändert hat. Wie Paulus über das jüdische Volk als solches denkt, mit welcher Verehrung und Liebe er von Israel spricht, das zeigt 9 – 11.

Bei den Galatern, denen Paulus entschieden das gesetzesfreie Evangelium verkündet hatte, gingen die Judaisten also so weit, daß sie nachträglich Gesetz und Beschneidung einzuführen versuchten. Zwangsläufig war das wohl mit einer Herabsetzung des Apostels, vielleicht auch mit wenig freundlichen Unterstellungen (vgl. 1,10) verbunden. Die Nachrichten davon und von der Verwirrung der Gemeinden waren ein Alarmsignal für Paulus und forderten seinen scharfen Widerspruch heraus. Nicht gekränkte Eitelkeit war sein Motiv, sondern die Bedrohung seines apostolischen Evangeliums (vgl. 2,4 f.) und damit der Kirche unter den Heiden (vgl. 2,2; 4,11). Paulus hätte am liebsten an Ort und Stelle nach dem Rechten gesehen (vgl. 4,20). Aber anscheinend war er schon zu weit entfernt, als daß er ohne Schaden für seine weiteren Ziele hätte zurückreisen können. Das könnte darauf hinweisen, daß er damals schon in Mazedonien war. Aber vielleicht ließ sich auch der vorausgehende längere Aufenthalt in Ephesus (in den Jahren 54–57?) nicht ohne weiteres unterbrechen. Bezieht man in die Überlegungen allerdings auch die engen Beziehungen des Briefes zu den in den Jahren 57/58 entstandenen Schreiben an die Korinther und an die Römer mit ein, dann bietet sich für die Abfassung des Galaterbriefs eher der Anfang des mazedonischen Aufenthalts und damit das Jahr 57 an. Um diese Zeit jedenfalls schrieb Paulus seinen Brief, den leidenschaftlichsten von allen. Er mußte die persönliche Gegenwart des Apostels ersetzen.

4. Form, Inhalt und Aufbau

Die Situation des Briefes spiegelt sich schon in seiner Form, nämlich in der äußeren Anlage ebenso wie im Ton. Das erste beweist die Unausgewogenheit, die den Abschnitt »Anschrift und Gruß« (1,1–5) von den anderen Briefanfängen unterscheidet (s. die Auslegung), und vor allem das Fehlen des sonst darauf folgenden Lobpreises oder Dankes für den Glauben der Empfänger. Dieser Eingangsabschnitt, Proömium genannt, ist eigentlich ein Kennzeichen der paulinischen Briefe und begegnet sonst nur im 1. Petrusbrief (vgl. 3 Joh 2–4). Der Ton des Schreibens ist auf Grund der Paulus berichteten Vorfälle weithin ausgesprochen kämpferisch (z.B. 1,6–9), mitunter auch gereizt (1,10) und ironisch (5,12.15). Satz für Satz sprechen die persönliche Betroffenheit und Erregung aus dem Brief.

Direkt angesprochen wird die Situation der Galater von den Ausführungen des Briefes. Paulus nimmt sehr entschieden zu ihren Streitpunkten und vor allem zu den Absichten seiner Gegner Stellung. Dabei nennt er zuerst sehr deutlich beim Namen, was geschehen ist, also den Anlaß seines Eingreifens (1,6–9). Dann widerlegt er die Kritik an seinem Apostelamt und Evangelium, und zwar mit historischen und mit lehrhaften, vor allem aus der Schrift gespeisten Beweisen (1,10 – 5,12). Darauf mahnt er noch zum rechten Lebenswandel (5,13 – 6,10) und endet mit einem von seinem Anliegen geprägten Schlußwort samt Segenswunsch (6,11–18).

Ein Vergleich mit damals bekannten Redemustern für Anwälte läßt den Galaterbrief geradezu wie eine Verteidigung vor Gericht erscheinen. Von daher und von anderen Beobachtungen aus ließen sich der eben angedeutete Aufbau bestätigen und weiter aufgliedern. Er würde dann allerdings von der (in der folgenden Auslegung übernommenen) Einteilung der deutschen Einheitsübersetzung abweichen. Diese gliedert offenbar nach inhaltlichen Gesichtspunkten und sieht also das »Apostelamt« in 1,10 – 2,10, die »Gerechtigkeit« in 2,11 – 4,7 und die »Freiheit« in 4,8 – 6,10 behandelt. Achtet man dagegen auf Gliederungssignale des Verfassers und auf die vorkommenden Redegattungen, dann wird man z. B. den Neueinsatz mit 3,1 höher bewerten und vor allem berichtende, belehrende und mahnende Abschnitte unterscheiden.

Demnach könnte man den von Anschrift und Gruß (1,1–5) sowie Schlußwort und Segenswunsch (5,11–18) gerahmten Hauptteil des Briefes etwa folgendermaßen gliedern:

1,6–12	Einleitung
	1,6–9: Bezeichnung und Bewertung der Situation
	1,10–12: Vorstellung des Themas
1,13 – 2,21	I. Historische Darstellung
3,1 – 5,12	II. Lehrhafte Entfaltung
5,13 – 6,10	III. Mahnung

Der Abschnitt 2,15–21 ist der Form nach Bestandteil des Berichts. Der Sache nach sprengt er freilich diesen Rahmen und stellt die grundlegende Lehraussage dar, die dann im einzelnen entfaltet wird. Auf dem Hintergrund und im Zusammenhang der Ereignisse von Antiochia, denen die galatischen sehr ähnlich sind, formuliert Paulus hier den Kern des Evangeliums.

ZWEITER TEIL

Kommentar

I. Anschrift und Gruß (1,1–5)

Paulus nennt zuerst sich selbst als Absender, bezeichnet dann die Adressaten und formuliert schließlich als Gruß einen Segenswunsch. Ein solcher dreiteiliger Briefkopf, wie er zur Zeit des Paulus üblich war, bestand oft nur aus drei Wörtern und lautete dann z.B. so: »Julius (wünscht der) Claudia Freude.« Paulus begnügt sich jedoch nie mit dieser Kurzform, sondern erweitert sie entsprechend der jeweiligen Briefsituation.

So läßt schon der Vergleich des vorliegenden Briefkopfs mit dem der anderen Briefe das Anliegen des Galaterbriefs erkennen. Die Selbstvorstellung des Apostels ist umfassender, die Nennung der Adressaten dagegen knapper und der Segenswunsch wiederum viel ausführlicher und mit mehr theologischen Aussagen befrachtet als sonst.

Absender und Adressaten (1,1–2)

Unmittelbar neben seinen Namen setzt Paulus den Aposteltitel (vgl. 1 Kor 1,1; 2 Kor 1,1). Diesen tragen bei ihm nicht nur, wie später bei Lukas üblich (vgl. Lk 6,13; Apg 1,21 f.), die Mitglieder des Zwölferkreises um Jesus, sondern in erster Linie diejenigen Missionare, denen der Auferstandene erschienen ist (1 Kor 9,1; 15,8 f.). Die Begegnung mit Christus hat Paulus in ähnlicher Weise zum bevollmächtigten Gesandten gemacht wie die der alttestamentlichen Propheten mit Jahwe.

Apostel

Der Apostelbegriff des Galaterbriefs (1,1.17.19; vgl. 2,8) ist abzusetzen von dem anderer Paulustexte und vor allem von dem der »Apostel«-Geschichte. Nach Lukas, dem Verfasser von Lk und Apg, ist der Kreis der Apostel derselbe wie der Zwölferkreis um Jesus bzw. in der Urgemeinde von Jerusalem. Apostel kann danach auch nur sein, wer Augenzeuge des Weges Jesu von der Taufe des Johannes bis zur Himmelfahrt ist (Apg 1,21 f.). In den Paulusbriefen dagegen werden auch andere »Apostel« genannt: missionierende Prediger der Urkirche, so mit Namen Röm 16,7 Andronikus und Junias (oder Junia; dann also ein Ehepaar) und 1 Kor 9,5 f. Barnabas, ohne Namen z.B. 1 Kor 4,9; 9,5; 12,28 f.; 2 Kor 11,5.13.

Im Galaterbrief dagegen, ebenso 1 Kor 9,1; 15,7.9 und wohl auch im Briefkopf von Röm und 1/2 Kor (vgl. Eph, Kol), gehört zum Begriff des Apostels die Begegnung mit dem Auferstandenen. »Bin ich nicht ein Apostel? Habe ich nicht Jesus, unseren Herrn, gesehen?«, sagt Paulus 1 Kor 9,1. Während es Lukas bei den apostolischen Augenzeugen darum geht, dem Glauben eine Brücke bis in die Zeit des irdischen Jesus zurückzuschlagen und Garanten für die Zuverlässigkeit der Jesusüberlieferung zu haben (vgl. Lk 1,4), bezeugt der Apostel im Sinne des Paulus nichts als das Leben und die Herrschaft des Gekreuzigten; sein Apostelamt beruht ausschließlich auf der göttlichen Offenbarung des von Gott Auferweckten.

Der Wortgebrauch ist beeinflußt von der biblischen und nachbiblisch-jüdischen Sprache. »Apostel« (= Gesandter, hebr. schaliach) ist in rabbinischen Texten der direkte Stellvertreter eines Sendenden, der die Person und die Interessen seines Auftraggebers in voller Übereinstimmung mit ihm rechtskräftig vertritt. In diesem Sinn heißt der Prophet »Gesandter« Gottes (vgl. Jes 61,1). So versteht auch Paulus sein Apostelamt als eine prophetische Berufung und Sendung. Er ist der bevollmächtigte Gesandte Christi, ja Gottes selbst (Gal 1,15 f.).

Gleich vierfach erläutert der Apostel nun, woher er seinen Auftrag hat. Er ist weder ausgegangen noch vermittelt worden von Menschen. Vielmehr hat Gott selbst durch Christus ihn gesandt. In 1,15 f. wird das genauer beschrieben; aber schon hier ist angedeutet, daß Gott ihn berufen hat als der Vater, d. h. der Schöpfer (vgl. 1 Kor 8,6), »der die Toten lebendig macht und das Nichtseiende... ruft« (Röm 4,17) und der nun Jesus »von den Toten auferweckt hat«.

Das letztere ist der zentrale Gegenstand des Bekenntnisses in der Urkirche, wie die göttliche Befreiung aus Ägypten in Israel. Man kann geradezu sagen: Aus dem Gott, der Israel aus Ägypten herausgeführt hat, wird im Neuen Testament der Gott, der Jesus von den Toten auferweckt hat. Diese Gottesaussage schlägt sich schon sehr früh in einer regelrechten Glaubensformel von dem Erwecker (wörtlich: dem Erweckthabenden) nieder:

Röm 4,24: »der Jesus, unseren Herrn, von den Toten auferweckt hat«;

Röm 8,11: »der Jesus von den Toten auferweckt hat« und »der Christus Jesus von den Toten auferweckt hat«;

2 Kor 4,14: »der Jesus, den Herrn, auferweckt hat«;

Kol 2,12: »der ihn von den Toten auferweckt hat«;

Eph 1,20: »(als der,) der ihn von den Toten auferweckt hat«.

Gott erweckte Christus nicht nur, er zeigte ihn auch als Auferstandenen dem Paulus (vgl. 1,16). Und umgekehrt: In der Offenbarung des Auferstandenen erfuhr Paulus den »totenerweckenden Gott« (*H. Schlier* 28). So wurde er zum Apostel, »durch Jesus Christus und durch Gott«.

Als Mitabsender nennt Paulus in Vers 2 keine Einzelpersonen wie sonst (außer Röm), sondern »alle Brüder«, die bei ihm sind. Ein Vergleich mit den Schlußgrüßen in 1 Kor 16,20 (»alle Brüder«) und Phil 4,21 (»die Brüder bei mir«) macht es wahrscheinlich, daß damit seine Mitarbeiter im Dienst des Evangeliums gemeint sind. Auf jeden Fall will er deutlich machen, daß er nicht alleine steht, sondern gewissermaßen Rückendeckung hat.

Den Adressatenkreis gibt er auffällig knapp und (im Gegensatz zu Röm, 1/2 Kor, Phil und 1 Thess) ohne jeden Ehrentitel an. Der Zustand der Angesprochenen erlaubt offenbar keine auszeichnende Beifügung. Immerhin handelt es sich noch um Gemeinden, d.h. »Kirchen« Christi. Hier begegnet ein auch den griechischen Lesern geläufiger Kirchenbegriff. Er geht nicht von der einen Kirche als dem Gottesvolk, als der »Kirche Gottes« (Gal 1,16) aus, um an bestimmten Orten gewissermaßen Teilkirchen zu sehen. Er versteht vielmehr zunächst die Einzelgemeinde, zumal in ihrer Versammlung zum Herrenmahl, als Verwirklichung von Kirche, und zwar betont als Kirche Christi. Daß der Brief an eine Mehrzahl von Gemeinden gerichtet ist, gibt ihn im übrigen – dies unterstreicht seinen amtlichen Charakter – als Rundschreiben zu erkennen.

Der Segenswunsch (1,3–5)

Dem angedeuteten Charakter des Schreibens entspricht die nun folgende Segensformel. Ihr Wortlaut ist in allen echten Paulusbriefen der gleiche, mit Ausnahme von 1 Thess 1,1. Im ältesten Brief ist sie als paulinische Grußformel gewissermaßen noch im Entstehen, jedenfalls, wie die dortige Adressatenangabe zeigt, noch nicht festgelegt. Ihre Einzelteile stammen sicher aus dem Gottesdienst. Sie entsprechen teilweise dem (6,16 anklingenden) jüdischen Segensgruß. »Gnade« ist ein paulinischer Zentralbegriff und beinhaltet das bedingungslose, endgültige Ja Gottes zum Menschen. Und »Friede« ist in der Bibel nicht nur Ruhe, sondern das umfassende Heil als Ergebnis von Gottes Handeln; er wird hier auch nicht nur gewünscht, sondern (wie Lk 10,5 f.) wirksam zugesprochen. Die Quellen der beiden sind Christus (Röm 15,20 und öfter: »die Gnade unseres Herrn Jesus Christus«) bzw. Gott (Röm 15,33 und öfter: »der Gott des Friedens«). Diese Zuordnung bestätigt der Vers 3 durch die (hier wie sonst oft bei Paulus vorauszusetzende) Anordnung seiner Teile, die der Fachmann (nach dem griechischen Chi: X) »Chiasmus« nennt. Dabei stehen sich die aufeinander bezogenen Wörter in umgekehrter Reihenfolge gegenüber (A/B – B'/A'):

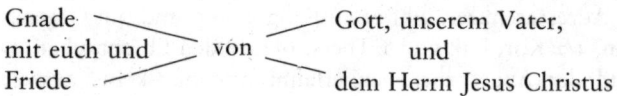

Gnade   Gott, unserem Vater,
mit euch und   von   und
Friede   dem Herrn Jesus Christus

Die Erweiterung des Grußes durch Vers 4 f. weist schon voraus auf den Inhalt des Briefes. Auch hier greift Paulus, wie schon die Untersuchung des Sprachgebrauchs zeigt, auf überliefertes Formelgut zurück. Er beginnt mit stehenden Wendungen einer regelrechten »Dahingabeformel«, die ähnlich auch sonst begegnet:

Gal 2,20:   »der ... sich hingegeben hat für mich«;
1 Tim 2,6:   »der sich als Lösegeld hingegeben hat für alle«;
Tit 2,14:   »Er hat sich für uns hingegeben, um uns von aller Schuld zu erlösen ...«
Vgl. Eph 5,2.25

Mit dieser Formel betont Paulus von vornherein die grundlegende Voraussetzung aller weiteren Aussagen: *Er* hat sich (in den Tod) »gegeben«, d.h. sein Leben hingegeben (vgl. Joh 10,11), in einem Akt des restlosen Da-Seins für uns. Er hat die Gewalttaten der Menschen bis zum letzten Atemzug in Liebe ausgehalten und bleibt nun, von Gott auferweckt, immer da als der unsere Taten Annehmende und Tilgende. Dies allein »zählt« vor Gott und sonst nichts. Nach *Luther* sind die Worte des Paulus hier »lauter himmlische Donnerschläge gegen alle menschliche Gerechtigkeit« (zitiert bei *A. Oepke* 45).

Indem Christus alle Bosheit dieser Welt auf sich zieht, befreit er uns vom Bösen, und so fängt mitten in der gegenwärtigen Welt schon eine neue an. Die schlechte und schlimme Welt steht unter der Macht des Bösen. Sie liegt seit Adam im argen, wie außer 1 Joh 5,19 auch ein jüdischer Seher weiß:

»Als Adam meine Gebote übertrat, wurde das Geschaffene gerichtet: Da wurden die Zugänge in dieser Welt eng, leidvoll und beschwerlich, wenig und böse, voll von Gefahren und mit großen Nöten behaftet.« (4. Buch Esra 7,11 f.)

Diese Welt kommt nun an ihr Ende. Gott selbst hat es so gewollt, verfügt und durchgesetzt. Was im Lied von der »Hingabe« des Gottesknechts (Jes 53,12) prophetisch angekündigt worden ist, hat er nun verwirklicht: die »Hingabe« des Sohnes für die Welt (Röm 8,32).

Dafür gebührt Gott, so Vers 5, der Ruhm für immer. Dieser liturgisch klingende allgemeine Lobspruch (vgl. Röm 11,36) ist die Spur der preisenden Danksagung für den Glauben der Adressaten, die in den anderen Briefen an dieser Stelle folgt (z. B. Phil 1,3–11). Im Galaterbrief hat Paulus dazu offenbar wenig Anlaß. Warum, das sagt er im nächsten Abschnitt.

II. Der Anlaß des Briefes (1,6–9)

Paulus kennzeichnet hier sehr deutlich die Situation der Gemeinde, auf die er mit seinem Schreiben reagiert. In genauer Entsprechung dazu wird er dann am Beginn des Hauptteils (VV. 10–12) Thema und These des Briefes formulieren.

Abfall vom Evangelium (1,6–7)

Das erste Wort: Verwunderung, ja sogar Befremden. Sofort geht Paulus zum Angriff über, um in politisch gefärbter Begrifflichkeit (V. 6: »Abfall«, »Verwirrung/Aufruhr«; V. 7: »Verfälschung«) Vorgänge in den Gemeinden anzuprangern und mit Formulierungen heiligen Rechts (V. 8f.: »... der sei verflucht«) die Schuldigen zu verurteilen.

Was ist geschehen? Die Galater sind – offenbar sehr rasch und ohne großen Widerstand – abgefallen. Das hierfür gebrauchte Wort bezeichnet sonst den gesinnungslosen Wechsel von Überläufern. Was sie verlassen haben, zeigt indirekt der Schluß von Vers 6: das paulinische Evangelium. Mit diesem aber haben sie, wie Paulus in erstaunlicher Kühnheit gleich vorneweg sagt, Gott selbst verraten. Es wird sich noch zeigen, daß das Evangelium des Apostels mit dem Stellenwert der Gnade in ihm steht und fällt. Und so umschreibt Paulus Gott sicher bewußt als den, der durch die – ausschließlich von Christus verdiente – Gnade beruft. Er selbst begegnet den Menschen im Ruf der Heilsbotschaft.

Aber nicht jede Verkündigung verdient den Namen »Evangelium«. Ein anderes Evangelium ist überhaupt kein Evangelium (V. 7). Wer das Verdienst Christi schmälert und wieder gesetzliche Bestimmungen zur Geltung bringen möchte, der verkündet keine »gute Nachricht«, sondern schlechte, der verwirrt die Gemeinde nur.

Ist das nicht eine Klage, die in der katholischen Kirche seit dem 2. Vatikanischen Konzil immer wieder zu hören ist: Die Gemeinden würden verwirrt? Und gibt es nicht im evangelischen Bereich seit Jahrzehnten eine streitbare Bewegung, die die Parole »Kein anderes Evangelium!« auf ihre Fahnen geschrieben hat? Es ist nicht das erste Mal, daß unter Christen um das richtige Evangelium gestritten wird. Schon im nächsten Kapitel wird Paulus davon berichten, daß ein solches Ringen, dessen Ausgang die ganze weitere Kirchengeschichte bestimmen sollte, schon an deren Anfang stand. Auch damals ging es um die »Wahrheit des Evangeliums« (2,5.14). So kann der Verlauf jener Auseinandersetzung, die Paulus in Jerusalem geführt hat und nun mit den Galatern führt, einen wertvollen grundsätzlichen Hinweis für die heutigen Fragen geben.

Denn Paulus und die Führer der Jerusalemer Urgemeinde sind nicht dabei stehengeblieben, die in der Schrift vorgegebenen und im Gottesvolk gültigen Vorschriften (z.B. Beschneidungs- und Speisegebote) bedingungslos beizubehalten. Sie haben nicht einmal die Praxis Jesu, der sein Wirken auf die Sammlung Israels beschränkt hat, unverändert weitergeführt. Vielmehr hat sie eine Reihe von geschichtlichen Anstößen, so z.B. die Vertreibung und Flucht von Christen bis nach Antiochia (Apg 11,19f.), dazu gebracht, ihre Botschaft und Sendung neu zu überdenken. Gegen starke innere Widerstände und mit großen Schwierigkeiten, die auch zur Zeit des Galaterbriefs noch nicht ausgestanden sind, haben sie sich dazu durchgerungen, die Heiden zu missionieren und dabei auf die Beschneidung zu verzichten. Alles andere wäre gegen den Sinn der Christusbotschaft gewesen. Treue gegenüber dem Evangelium bewährt sich also nicht im Festhalten des Buchstabens, sondern im sachgemäßen Umgang mit der Überlieferung, je nach Erkenntnisstand und Situation.

Das Evangelium Christi

Was die Ankunft des Evangeliums in der Welt (vgl. Gal 3,23.25) bedeutet, was es für die Verkündigung und Praxis unter den Menschen für Folgen hat, behandelt der ganze Galaterbrief. Kompromißlos kämpft Paulus für seine Gültigkeit. Er weiß sich deswegen so stark herausgefordert, weil es um das »Evangelium Christi« geht. Was beinhaltet dieser Begriff, der bei Paulus auch sonst begegnet (Röm 15,19; 1 Kor 9,12; 2 Kor 2,12; 9,13; 10,14; Phil 1,27; 1 Thess 3,2)?

»Evangelium Christi« bezeichnet zunächst einmal Christus als den Urheber des Evangeliums. Damit meint Paulus weniger, daß Christus selbst mit der Verkündigung des Evangeliums angefangen (vgl. Mk 1,14f.), sondern daß er sie in seiner Auferstehung möglich gemacht und als Auferstandener andere dazu ausgesandt hat (vgl. 1 Kor 15,5–10). Als solcher ist er nun – das ist der zweite Gesichtspunkt – der Gegenstand des apostolischen Evangeliums (Röm 1,3f.). Genauer: Das Evangelium ist die Botschaft davon, daß Gott in Christus ein für allemal und für alle gehandelt und damit den Anfang der neuen Welt gesetzt hat. Vor allem aber bedeutet »Evangelium Christi« – das ist besonders kennzeichnend für den paulinischen Begriff –, daß Christus selbst zur Sprache kommt. Und wer sein Wort annimmt, der erfährt nicht nur seine Gemeinschaft, sondern er wird auch des verkündeten Christus-Heils, der neuen, endzeitlichen Wirklichkeit teilhaftig. Dieses Wort Christi ergeht im Wort des Apostels (Röm 15,18; 2 Kor 13,3; 1 Thess 1,8). Wenn er »den Christus verkündet«, wie er z.B. Phil 1,15 sagt, dann ruft er ihn aus wie ein Herold, er läßt ihn kommen und gegenwärtig werden (vgl. Jes 52,7f.); er »präsentiert« ihn (vgl. Gal 3,1).

Darum gilt: Wer das Evangelium des Apostels beeinträchtigt, greift Christus an und wendet sich letztlich gegen Gott (vgl. 1 Thess 2,13). Jeder, der das Evangelium hört oder gar verkünden darf, sollte sich bewußt sein, womit er es zu tun hat.

Verfluchung der Verantwortlichen (1,8–9)

Bei den Galatern wird das Evangelium, wie Paulus es verkündet hat, bestritten. Damit ist für ihn die Grundlage, das Wesen, die »Wahrheit« (2,5.14) des Evangeliums überhaupt bedroht. Gegen solche Verfälschung geht Paulus darum mit äußerster Schärfe vor. Ganz gleich, wer dafür verantwortlich ist, er verflucht ihn zweimal in aller Form (V. 8f.). Dieser Fluch gilt so bedingungslos, daß er nicht nur Paulus selbst, sondern sogar den Boten Gottes trifft, falls er an der Botschaft etwas ändert. Derselbe Gott, der ihn gesandt hat, müßte ihn verfluchen. Schärfer kann Paulus die Überzeugung von der Wahrheit seines Evangeliums nicht ausdrücken: Wer immer sich diesem entgegenstellt, setzt sich dem Fluche Gottes aus.

Die Formulierung der Fluchformel (vgl. 1 Kor 12,3) im Urtext macht auch deutlich, daß sie nicht nur eine Androhung des Fluches, sondern tatsächliche Verfluchung in der aktuellen Auseinandersetzung bedeutet.

III. Das Apostelamt des Paulus (1,10 – 2,10)

1. Die Berufung zum Apostel (1,10–24)

Das Thema des Briefes: Kein menschliches Evangelium (1,10–12)

Vielleicht hat man Paulus vorgeworfen, er habe mit seinem gesetzesfreien Evangelium die Menschen »hofieren« (M. Luther), also für sich gewinnen wollen. Jedenfalls verwahrt er sich entschieden gegen solche Vorstellungen (V. 10). Menschen gefallen wollen und das Evangelium verkünden, das ist zweierlei. Das Evangelium ist keine Schmeichelrede (vgl. 1 Thess 2,4 f.), und der Beifall der Menschen kann ein Alarmsignal für den christlichen Verkündiger sein (vgl. Gal 5,11; 6,12). Man kann nicht gleichzeitig den Leuten nach dem Mund reden und Diener Christi sein.

Nach dieser fast gereizt wirkenden persönlichen Verteidigung erklärt Paulus feierlich (vgl. 1 Kor 12,3; 15,1; 2 Kor 8,1) die Unabhängigkeit seines Evangeliums (V. 11 f.). So wie er es verkündet hat, ist es nicht nach Menschenart, sondern etwas Neues, das menschliche Maßstäbe sprengt, und sogar etwas Anstößiges, womit man Menschen nicht imponieren kann. Andernfalls wäre es kein Evangelium. Daß es dies aber ist, liegt an seiner nichtmenschlichen Herkunft und Vermittlung. Natürlich hat Paulus die Grundaussagen des Christusglaubens in seiner Gemeinde, in Damaskus oder Antiochia, »empfangen« (1 Kor 15,3). Aber die Gestalt seines Evangeliums als bedingungslose Heilsbotschaft nicht nur für Israel, sondern auch für die Heiden (= »Völker«) hat ihm niemand vermittelt. Sie ist ihm bei der Begegnung mit dem Auferstandenen, bei der Erscheinung selbst wie ein Licht aufgegangen. Die Offenbarung Christi war auch schon die Offenbarung des Evangeliums für ihn. Der von Gott offenbarte Christus »bildet« (im Doppelsinn des Wortes) das Evangelium des Apostels.

Die Erinnerung an die nachprüfbaren Geschehnisse der Vergangenheit (ab V. 13) beweist mit historischen Argumenten die menschliche Unabhängigkeit des paulinischen Evangeliums und Apostelamtes.

Die jüdische Vergangenheit des Paulus (1,13–14)

Schon als Jude war Paulus alles andere als ein Christenfreund
(V. 13). Die einzige Beziehung zur Kirche war der tödliche Haß.
Und auch ein Ende des Gesetzes war damals für ihn unvorstellbar;
im Gegenteil, er brannte vor Eifer für die Überlieferung (vgl. Phil
3,5 f.). Beides ist engstens zusammenzusehen. Der Verfolger Paulus
ist kein Unmensch, der aus niederen Instinkten handelt. Er ist es
seinem Gewissen schuldig, für die Einhaltung des Gesetzes sowie
für die Ehre des alleinigen Gottes und seines Volkes zu kämpfen.
Wenn nun seine Haltung sowohl zur Kirche wie zum Gesetz sich
radikal gewandelt hat, dann nicht, weil er es sich anders überlegt
oder ein anderer ihn überredet hat. Es muß ihm etwas widerfahren
sein und diesen Bruch bewirkt haben.

Vom Gesetzeseiferer zum Heidenapostel (1,15–17)

Paulus war nicht das Zerrbild eines Pharisäers, wohl aber einer,
der mit dem Gesetz kompromißlos ernst machte und stolz darauf
war, zum auserwählten Volk zu gehören (Phil 3,5 f.), »bis der
Blitzstrahl ihn traf und all das zu Asche verbrannte« (W. *Trilling*
40). Gott selbst, der Schöpfer (vgl. 2 Kor 4,6), handelte an ihm.
Wie den Gottesknecht als Boten für die Völker (Jes 49,1.6; vgl. Jer
1,5) hatte er Paulus schon immer im Auge gehabt und für die
Sendung zu den Heiden vorgesehen (V. 15). Mit dem Kreuzestod
und der Auferweckung Jesu war der Augenblick dafür gekommen.
Gott zeigte Paulus in einer überwältigenden Enthüllung seinen
Sohn und in einem damit den Weg zu den Heiden (V. 16).

Die Auferweckung des Gekreuzigten machte Paulus die Heilsbedeutung seines Todes für alle Welt und die Nutzlosigkeit menschlicher, gerade frommer, gesetzlicher Werke klar. Es war wirklich
eine einmalige Offenbarung. Über die Ostererscheinung hinaus
war es für ihn die endgültige Aufdeckung der Wahrheit, die
Enthüllung der lange ersehnten endzeitlichen Machttat Gottes, die
der Welt und der Geschichte ihr Ende setzt. Diese neue weltge-
schichtliche Situation, in der die Unterscheidung zwischen Juden
und Heiden gleichgültig geworden ist (vgl. 3,28), setzt Paulus
fortan immer voraus.

So war die Begegnung mit dem Auferstandenen gleichbedeutend mit der Berufung zum Völkerapostel, und kein Mensch brauchte ihm da Rat und Auskunft zu geben. Er konnte sogar die Autoritäten der Altapostel übergehen und sich ohne den Umweg über die Jerusalemer Urgemeinde auf den Weg machen (V. 17). Also nicht nur die Wende, sondern auch der weitere Weg verlief ohne menschlichen Einfluß. Dabei war Arabien, dieses »Alibi« im Beweisgang des Paulus, wahrscheinlich nicht die Wüste als Ort des Nachdenkens, sondern der Nordteil des Nabatäerreiches als erste Etappe der Mission (vgl. 2 Kor 11,32f.). Und die Stadt seiner Berufung war wohl Damaskus, wohin er danach »zurückkehrte«.

Damaskus

Von dem Damaskuserlebnis, wie wir Bekehrung und Berufung des Paulus gewöhnlich nennen, spricht der Apostel in seinen Briefen nur andeutungsweise, noch am ausführlichsten, aber auch da sehr zurückhaltend, im Galaterbrief (1,13–16). Die Apostelgeschichte dagegen berichtet sehr anschaulich und packend davon, und dies sogar dreimal, in der breit angelegten Erzählung des Verfassers (Apg 9,1–19) und in den Reden des Paulus (Apg 22,3–16; 26,9–18). Aber in den wesentlichen Zügen stimmt die legendarische Darstellung des Lukas mit den Andeutungen des Paulus überein.

Sie überliefern die folgenden Punkte gemeinsam. Paulus ist ein Eiferer für das Judentum und ein Verfolger der Christen (Apg 9,1; 22,3f.; 26,9–11; Gal 1,13f.; Phil 3,6; 1 Kor 15,9). Aber gerade er wird von Gott erwählt (Apg 22,10.14; vgl. 9,15; 26,16; Gal 1,15; vgl. Röm 1,1; 1 Kor 1,1). Und so trifft ihn wie ein Blitzstrahl die Offenbarung des Auferstandenen. Es ist ein blendend helles Aufleuchten des Lichts, nach dem Empfinden des Paulus wie bei der Schöpfung (Apg 9,3; 22,6.11; 26,13; 2 Kor 4,6). In ihm begegnet er Christus, indem er ihn hört (Apg 9,4–6; 22,7–10; 26,14–18; Gal 1,15f.?) und sieht (Apg 22,14f.; 26,16; 1 Kor 9,1; 15,8; 2 Kor 4,6; Gal 1,16). Dies geschieht bei oder in Damaskus (Apg 9,3.8.10.19; 22,5f.10f.; 26,12; Gal 1,17). Paulus wird sofort zum Missionar (Apg

9,20–22; 26,20; Gal 1,16f.) und weiß sich von nun an mit dem Evangelium für die Heiden beauftragt (Apg 9,15; 26,17–20; vgl. 22,21; Gal 1,16; vgl. 2,7f.). Insgesamt ergibt sich so ein eindrucksvolles, ziemlich geschlossenes Bild von dem Kern des Geschehens. Und die Abweichungen der erzählerischen Berichte, die ja auch untereinander nicht einheitlich sind, lassen sich meistens aus der speziellen Zielsetzung des Lukas erklären.

Nur kurzer Aufenthalt in Jerusalem (1,18–20)

Erst Jahre später – sei es nach dieser Rückkehr aus Arabien oder nach der Berufung – kam es zum Kontakt mit Jerusalem, nämlich mit Kephas (= Petrus). Eine denkwürdige Begegnung zwischen dem Erstzeugen (1 Kor 15,5) und dem Völkerapostel, die aber mit Schweigen umgeben ist. Man darf sich hier ruhig einmal in seinen Gefühlen als Christ ansprechen lassen und sich die Bedeutung dieser Stunde zu Gemüte führen. Der ehemalige Verfolger begegnet dem Jünger der ersten Stunde. Jeder dieser beiden, die man später gern die Apostelfürsten nennen wird, hat den Auferstandenen, »den Herrn gesehen« (1 Kor 9,1), der eine als erster, der andere als letzter (1 Kor 15,5.8). Aber sie kennen sich gegenseitig noch nicht. Jetzt sehen sie einander zum ersten Mal.

Von den »prominenten« Persönlichkeiten sah Paulus nur noch Jakobus (V. 19; vgl. 1 Kor 15,7). Freilich legt er gerade darauf Wert, ebenso wie auf den kurzen (nur zweiwöchigen) Aufenthalt bei Petrus. Wozu sonst die feierliche Beteuerung, ja Beschwörung, daß diese Angaben stimmen (V. 20)? Paulus hat offenbar allen Grund, das Gesagte zu unterstreichen. Es beweist nämlich, daß Evangelium und Apostelamt des Paulus von Jerusalem unabhängig sind.

Langjährige Mission außerhalb Palästinas (1,21–24)

Jenem Nachweis dient auch die folgende Aussage von der Tätigkeit weit weg von Judäa, in den Gebieten um Antiochia und

Tarsus (V. 21). Dort arbeitete Paulus, wahrscheinlich von Antiochia aus (vgl. 2,11), mindestens zehn Jahre lang (vgl. 2,1) in der Heidenmission. Wichtig ist wiederum: Er hatte keinen Kontakt mit Jerusalem und blieb, von Judäa entfernt, weiterhin persönlich fremd (V. 22). Man hörte nur von ihm (V. 23). Anscheinend erzählte man überall von der Wende in seinem Leben, von dem Kontrast zwischen »einst« und »jetzt«. Diese Kunde, die Paulus hier wiedergibt, ist im Urtext so vorgestellt und formuliert, als würde er geradezu einen unter den Christen geläufigen Satz zitieren. Mit Rücksicht auf den chiastischen Aufbau (vgl. das zu 1,3 Gesagte) kann man ihn folgendermaßen übersetzen:

»Unser Verfolger von *einst*,
jetzt predigt er den Glauben,
den er einst vernichten wollte.«

Der Dreizeiler verdeutlicht kurz und prägnant die Machttat Gottes an Paulus. Dies bestätigt der Schlußvers des Abschnitts: Was mit Paulus geschehen ist, löst den Lobpreis Gottes aus. Er, der früher Angst und Schrecken verbreitet hat, ist nun der Anlaß der Freude.

2. Das Apostelkonzil in Jerusalem (2,1–10)

Was Paulus in diesem Abschnitt beschreibt, ist kein Konzil im Sinn der Kirchengeschichte, sondern das Zustandekommen und der Inhalt eines Abkommens zwischen den Gemeinden von Jerusalem und Antiochia. Die dabei getroffene Entscheidung war für die Urkirche so bedeutsam, daß man darin das wichtigste Ereignis ihrer Geschichte sehen muß.

Die Heidenmission

Was damals zur Debatte stand, war das vor Gott zu verantwortende Wagnis, mit der Verkündigung des Evangeliums über Israel hinauszugehen und die Heiden als solche, d.h. ohne Beschneidung, »Christen« werden zu lassen (vgl. Apg 11,26).

Dieser Schritt ist etwas so Unerhörtes, daß Lukas ihn in

seiner Darstellung Petrus tun läßt und außerdem lang und breit als dem Willen Gottes entsprechend rechtfertigt (Apg 10,1 – 11,18). Im Vergleich damit sind die meisten Probleme, die die spätere Kirche – bis heute! – in ihrer Mitte auszutragen hat, fast harmlos.

Die Kirche bestand ja damals zunächst aus Juden, und auch missioniert wurde nur unter Juden. Wie Jesus selbst hatten auch seine Jünger nur Israel und seine Sammlung im Auge. Erst griechischsprechende Judenchristen aus der Diaspora, die sogenannten Hellenisten, teilweise in Jerusalem ansässig und von dort vertrieben, überschritten diese Grenze, wandten sich an Heiden und nahmen sie unbeschnitten in die Kirche auf. Wahrscheinlich geschah dies zuerst in Antiochia (vgl. Apg 11,9f.). Jedenfalls kam es dort zum Streit darüber, sei es wegen innerer Spannungen oder, so Apg 15,1, durch Kritik von außen. Es mußte noch grundsätzlich geklärt werden, ob Gesetzlose Christen werden und mit den anderen an einem Tisch sitzen durften. Daß Paulus und Barnabas die Entscheidung im Sinne ihres Evangeliums herbeiführten, machte erst Kirche als Weltkirche möglich, war also von weltgeschichtlicher Bedeutung.

Auf die Konferenz von Jerusalem kommt Paulus wiederum im Rahmen der Verteidigung seines Evangeliums zu sprechen. Vorher hat er dessen menschliche Unabhängigkeit mit seiner Abwesenheit von Jerusalem bewiesen. Nun wird er zeigen, daß er seine Anerkennung in Jerusalem erst hat durchsetzen müssen.

Anerkennung des gesetzesfreien Evangeliums? (2,1–3)

Paulus und Barnabas waren die Vertreter Antiochias (V. 1). Der letztere war dort einer der führenden Männer, und zwar schon vor Paulus (vgl. Apg 11,22–26; 13,1). Daß das Christentum in der damaligen Weltstadt Fuß gefaßt hat, ist mit sein Verdienst. Wieviel Paulus ihm zu verdanken hat, wissen wir nicht; aber sicher war er für diesen und die Urkirche überhaupt viel bedeutender, als es die wenigen Nachrichten über ihn erkennen lassen.

Titus, der spätere Mitarbeiter des Paulus (vgl. 2 Kor 7 – 8), war Grieche. Für die Einstellung der Jerusalemer zur Heidenmission war er der Testfall in Person (vgl. V. 3).

Da das Wirken des Paulus bei den Galatern fragwürdig geworden ist, spricht Paulus hier öfter von sich allein. Trotzdem ist deutlich, daß er als Mitglied einer Abordnung unterwegs war und handelte (V. 2). So war wohl auch der Grund dafür keine persönliche »Offenbarung« im Traum (vgl. Apg 16,9) oder im Außersichsein einer Ekstase (vgl. 2 Kor 12,1 f.), sondern am ehesten ein Beschluß der Gemeindeversammlung unter dem Einfluß prophetischer Autorität (vgl. Apg 11,28–30; 21,10f.), vielleicht auch des Paulus selbst (vgl. Apg 13,1).

Demnach stellte Paulus auch im Auftrag der antiochenischen Gemeinde seine Auffassung und seine Praxis der Heidenmission in Jerusalem dar. Als Völkerapostel mit mindestens 13jähriger Erfahrung stand er den führenden Männern der judenchristlichen Urgemeinde gegenüber. Was würden sie zu seiner Arbeit sagen? Er wollte wissen, wie er dran war, ob die Muttergemeinde und ihre Autoritäten das Evangelium, wie er es verkündete und verwirklichte, anerkannten. Irgendwelche gesetzliche Auflagen oder die Forderung der – nachträglichen – Beschneidung würden seine ganze Predigt vom Heilsweg ohne Beschneidung und Gesetz zunichte machen. Die Folge wäre die Zerstörung seines ganzen Werkes (vgl. 4,11; 1 Thess 2,1; 3,5).

Das ist nicht so zu verstehen, als hätte sich Paulus in Jerusalem rechtfertigen müssen wie andere, die in der späteren Kirche wie in einem Prozeß vor Gericht von der römischen Glaubens-»Behörde« zur Rechenschaft gezogen wurden. Paulus konnte noch mit einer brüderlichen Behandlung seiner Person und seines Anliegens rechnen. Er mußte sich auch nicht erst selbst Klarheit verschaffen. Nein, seit Damaskus war ihm sein Weg sonnenklar. Jetzt galt es, auch die anderen davon zu überzeugen. In diesem Sinn suchte er die Entscheidung und das öffentliche Einvernehmen mit den Verantwortlichen in Jerusalem. Die Rückendeckung der Urapostel wollte er bei aller Unabhängigkeit nicht missen, auch im Interesse der Einheit.

Die genannten Befürchtungen erwiesen sich aber als gegenstandslos. Denn Titus wurde als unbeschnittener Christ akzeptiert (V. 3). Und dies ließ sich nun auf die gesamte Heidenchristenheit übertragen. In der Person dieses einen Griechen stand die Weltkirche vor dem Forum der Apostel, und diese entschieden sich für sie.

Die Auseinandersetzung mit den »falschen Brüdern« (2,4–5)

Die positive Entscheidung der Verantwortlichen war nicht selbstverständlich. Und sicher stand sie erst am Ende einer mühsamen Auseinandersetzung, die stark von den Forderungen der Jerusalemer Judaisten beeinflußt war. Das zeigt die Betonung des unerbittlichen, unnachgiebigen Widerstandes gegen die »falschen Brüder« (V. 4; vgl. 2 Kor 11,26). Diese belegt Paulus mit so schweren Vorwürfen, daß sie wie heimtückische Feinde der Christen, nach der Wortwahl sogar wie eingeschleuste gefährliche Agenten erscheinen. Damit wird er ihnen sicher nicht gerecht. Denn es sind Judenchristen, die ihrerseits mit allen Mitteln gegen Paulus kämpfen zu müssen glauben, weil sie ihn für einen Verächter des Gesetzes und damit des Bundes halten. Für sie ist Jesus der Stifter des Neuen Bundes und die Kirche das erneuerte Israel. Sie sehen nicht ein, warum die Beschneidung als Zeichen des Bundes durch die Taufe ersetzt oder überflüssig geworden sein soll.

Paulus freilich, der sie als seine Gegner kennengelernt hat, betrachtet sie als Aufwiegler, die mit ihrer Wühlerei nun auch bei den Galatern sein Evangelium zu zerstören versuchen (vgl. 1,6 f.) und so deren Freiheit bedrohen. Den Namen »Brüder« verdienen sie schon deswegen nicht, weil sie ihren Mitchristen »auflauern«, wie es wörtlich heißt, weil sie sie wegen ihrer freiheitlichen Einstellung verdächtigen. Auch bei den schwierigen Verhandlungen in Jerusalem, so muß man zwischen den Zeilen lesen, war ihr Einfluß groß. Aber Paulus und Barnabas waren auf der Hut und gaben keinen Fingerbreit nach.

Muß man sie deswegen als kompromißunfähig und starrsinnig tadeln? Die Antwort gibt Paulus mit dem Hinweis auf die bedrohte »Wahrheit des Evangeliums« (V. 5). Es galt damals, das Evangelium in seiner ganzen Konsequenz zu verteidigen. Da konnte Paulus keine Abstriche machen. Das sollte auch Petrus, ja sogar

Barnabas noch erfahren (2,14). Nur so konnte das wahre Evangelium und mit ihm die Freiheit eines Tages auch zu den galatischen Gemeinden kommen. Des Paulus damalige Hartnäckigkeit gegen die Judaisten zahlte sich aus; sie kam nun bei den Galatern zum Tragen. Seine feste Haltung gegenüber jenen hat diesen das Evangelium »erhalten« (V. 5).

Die Einigung mit den »Säulen« (2,6–10)

Die Judaisten von Jerusalem konnten bei den Führern der Gemeinde keinerlei Auflagen für Paulus durchsetzen (V. 6; anders die spätere Darstellung Apg 15,28 f.). Im Gegenteil, er erreichte die Anerkennung seines gesetzesfreien Evangeliums in seiner ganzen Konsequenz. Sie wurde ihm gewährt von den Autoritäten, von denen, »die Ansehen genießen«, wie er Vers 6 sagt. Damit die Berufung darauf aber nicht wie Abhängigkeit erscheint, macht Paulus sofort einen Einschub: In Wirklichkeit ist es freilich gleichgültig, wer ihm zugestimmt hat; denn die Wahrheit ist nicht von menschlichem Ansehen abhängig. Paulus bewegt sich auf dem schmalen Grat seiner Übereinstimmung mit den anderen und seiner Selbständigkeit. Er darf weder als Außenseiter noch als Unterapostel erscheinen.

In diesem Sinn stellt Paulus im folgenden sein Evangelium und sein Apostelamt dem des Petrus als gleichberechtigt gegenüber (V. 7f.). In strengem Parallelismus, d.h. in genauer Entsprechung der Satzglieder, und gleichzeitig wieder in der Form des Chiasmus (vgl. 1,3), wird die Sendung der beiden Personen – einmal zu den Juden, einmal zu den Heiden – umschrieben. Beiden ist ihr spezieller Auftrag zu treuen Händen »anvertraut«, und der Auftraggeber ist ein und derselbe. Das läßt sich so verdeutlichen:

Ich bin betraut	der gewirkt hat an *Petrus*
mit dem Evangelium	für den Aposteldienst
für die Unbeschnittenen	unter den Beschnittenen
wie	
Petrus (betraut ist	hat gewirkt auch an *mir*
mit dem Evangelium)	(für den Aposteldienst)
für die Beschnittenen	für die Heiden

An diesem Doppelvers fallen außer seiner kunstvollen Gestaltung die Namensform »Petrus« (statt »Kephas« wie in VV. 9.11.14 und 1,18) und die unpaulinische Rede von zweierlei Evangelien auf. Möglicherweise übernimmt Paulus hier bis in die Sprachregelung hinein den Beschluß des in Jerusalem getroffenen Abkommens. Das Gesagte wurde jedenfalls von den Verhandlungspartnern des Paulus so »gesehen«, d.h. erkannt und anerkannt.

Das Abkommen bezog sich aber nicht nur auf das persönliche Wirken des Paulus (und Petrus). Freilich ist ihm dieser Punkt gegenüber seinen Gegnern in Galatien wichtig. Und er wiederholt deshalb zunächst (mit anderen Worten), daß sich die Jerusalemer von der ihm verliehenen eigenen »Gnade«, d.h. von seinem speziellen Apostelamt (vgl. Röm 1,5; 15,15 f.), überzeugt hatten (V. 9). Das aber war nur der Ausgangspunkt. Nun konnte die ganze Gemeinde von Antiochia mit ihrer Praxis anerkannt werden. Als ihre Vertreter waren ja Paulus und Barnabas anwesend. Und die Repräsentanten Jerusalems waren Jakobus, Kephas und Johannes. Daß sie als Gemeindevertreter genannt sind, beweist die Reihenfolge der Namen. Nicht der Erstzeuge, gewissermaßen der Prominenteste, steht an der Spitze, sondern offenbar der Gemeindeleiter (vgl. 1,19 und Apg 12,17), der gleichzeitig bei den Paulusgegnern in hohem Ansehen stand. Jedenfalls waren die drei als die »Säulen« die Träger ihrer Gemeinde. Und als solche schlossen sie nun den Vertrag mit den Sprechern Antiochias.

Der Handschlag besiegelte das Ergebnis der Verhandlungen. Dieses wird, wie oft nach mühsamen Auseinandersetzungen, in einer Art abgeklärtem Schlußkommuniqué vorgestellt, wie in einer »Schlußszene für Pressefotografen« (G. Ebeling 142). Die Angabe über die Zielrichtung des beiderseitigen Wirkens ließ sich weder geographisch noch nach Volksgruppen buchstäblich praktizieren. Sie gibt eine Faustregel wieder, die noch von der heilsgeschichtlichen Einteilung der Welt in Israel und die Völker geprägt ist: Wie die einen die Juden, sollten die anderen die Heiden als solche, d.h. vor allem ohne Beschneidung, aufnehmen. Praktisch änderte sich durch diese Regelung nicht viel. Aber die bisherige antiochenische und vor allem die paulinische Praxis waren nun offiziell anerkannt und festgeschrieben.

Schon deswegen bedeutete die formulierte Aufteilung oder Unterscheidung keine Trennung. Paulus spricht aber auch ausdrücklich von der vertraglich verbrieften »Gemeinschaft«. Sie gründet für ihn, trotz unterschiedlicher Auffassungen im einzelnen, in der Teilhabe an dem einen Evangelium.

Freilich hatten die Apostel in Jerusalem die paulinische Theologie nicht zu ihrer eigenen gemacht. Die Einigung bestand im wesentlichen in der gegenseitigen Anerkennung und war insofern doch ein Kompromiß, dessen Tragfähigkeit sich erst noch bewähren mußte. Aber zunächst einmal bedeutete er die Einheit der christlichen Bewegung und gleichzeitig ihre offizielle Öffnung auf die Heidenwelt hin.

Nachzutragen ist nur noch – wie bei Paulus selbst (V. 10) – eine Vereinbarung, die das Verhältnis der Heidenchristen zu Jerusalem betraf. Die Einheit im Evangelium sollte sich auch in praktischer Hilfe für die Muttergemeinde auf dem Zion niederschlagen (vgl. Jes 60,5.11; 61,6). Und dieses Anliegen hat Paulus auch sehr ernstgenommen (vgl. 2 Kor 8 – 9); das Hilfswerk der Kollekte war für ihn auch ein Akt des Dankes (Röm 15,27).

Das »Apostelkonzil« nach Paulus und Lukas

Das Ereignis, das Paulus in Gal 2,1–10 darstellt, beschreibt Lukas in Apg 15,1–35. Ein Konzil im üblichen Sinn des Wortes ist es nach keinem der beiden, eher noch nach Lukas. Er berichtet zwar auch von keiner Einberufung und zentralen Leitung der Versammlung; aber am Ende steht die Verkündigung eines allgemein verbindlichen Ergebnisses, wenn sie sich dem Wortlaut nach auch nur an ein bestimmtes Gebiet richtet (Apg 15,23).

Die Adressierung des sogenannten Aposteldekrets (Apg 15,23–29) nach Antiochia, Syrien und Zilizien läßt noch die von Paulus vorausgesetzte Situation erkennen: Der Streit um das Problem der Beschneidung für Heiden hat zu einer Konferenz der Vertreter aus beiden Hauptgemeinden geführt, von denen die eine die Beschneidung als Heilsbedingung betrachtet und die andere nicht. Paulus und Barnabas verhandeln als Vertreter Antiochias in Jerusalem mit den Führern der dortigen Gemeinde (Gal 2,9), wobei sich als dritte Gruppe die judaistischen »Falschbrüder« von Vers 4 ins Bild drängen. Die beiden ersten Parteien schließen dann auch als Partner ein Abkommen miteinander (Gal 2,9).

Nach Lukas dagegen prüfen die Apostel und Ältesten die von Paulus vorgelegte Frage (Apg 15,6), um dann mit der ganzen Gemeinde darüber zu beschließen (Apg 15,22). Dem entspricht es, daß der Angesehenste der Urgemeinde, Petrus, sich das Anliegen des Paulus zu eigen macht, ja die damit zusammenhängenden Fragen eigentlich schon beantwortet hat (Apg 15,7–11). Petrus steht hier auf der Seite von Paulus und Barnabas, ihnen gegenüber die Gruppe der Pharisäer (Apg 15,5) und als Vermittler dazwischen nun der Herrenbruder Jakobus (Apg 15,5–21). Sein Kompromißvorschlag (Apg 15,19f.) führt zu einer einvernehmlichen Einigung. Bei Paulus jedoch stehen am Ende zwei jeweils von der anderen Seite anerkannte Wege. Irgendwelche Auflagen hat es, wie er in Gal 2,6 ausdrücklich sagt, nicht gegeben. Lukas kennt solche aber aus der tatsächlichen Praxis seiner Zeit oder aus der Überlieferung eines späteren Abkommens, das vielleicht das Zusammenleben von Juden- und Heidenchristen geregelt hat. Ihm liegt daran, mit Hilfe dieser Angaben die Kirche als harmonisch einheitliches Gottesvolk (Apg 15,14) unter der Leitung Jerusalems zu zeichnen.

IV. Die Gerechtigkeit aus dem Glauben (2,11 – 4,7)

1. Gesetzesgehorsam oder Glaube (2,11–21)

Diesen Abschnitt, zumal die Verse 11–14, kann man auch noch zu Teil III des Briefes rechnen, nämlich als Darstellung eines weiteren historischen Faktums, das die Unabhängigkeit des Paulus beweist: Paulus hat nicht nur die Anerkennung seiner Praxis durchgesetzt, sondern sich auch öffentlich dem Verhalten des Kephas widersetzt.

Der Konflikt in Antiochia (2,11–14)

Die entscheidende Tatsache dieses Vorgangs hat Paulus den näheren Ausführungen vorangestellt (vgl. V. 6): den frontalen Widerstand gegen Kephas, als der sich schuldig gemacht hatte (V. 11). Widerstand setzt einen Angriff voraus. Und in den Augen des Paulus hatte Kephas tatsächlich das Evangelium in seinen Grundlagen angegriffen und so, ähnlich den »falschen Brüdern« von Vers 4 f., die »Wahrheit des Evangeliums« bedroht (V. 14; vgl. V. 5).

Was war geschehen? Vermutlich nicht lange nach dem Jerusalemer Abkommen hielt sich Kephas in Antiochia auf und hielt dort Tischgemeinschaft auch mit Heidenchristen, beim Herrenmahl und wohl auch sonst. Paulus, Barnabas und andere Judenchristen hatten das längst vor ihm getan. Sie praktizierten darin, nun auch im Geist des Jerusalemer Abkommens, die Freiheit des Evangeliums. Für die antiochenischen Judenchristen war das ein gewohntes und dem Evangelium entsprechendes Bild. In Jerusalem dagegen wäre das nach wie vor anstößig gewesen.

Das zeigte sich, als eines Tages Leute aus den führenden Kreisen um Jakobus nach Antiochia kamen. Da schämte sich Kephas wegen seines Verhaltens vor ihnen, ja er war so furchtsam und feige gegenüber seinen jüdischen Mitchristen, daß er sich von den Heiden trennte (V. 12).

Damit zerstörte er aber die Einheit der Gemeinde und der Kirche. Noch mehr: Er verriet die Wahrheit und verleugnete die Freiheit des Evangeliums. Wenn Paulus das hier aufs schärfste anprangert, dann deswegen, weil er damit gleichzeitig den Galatern ins Gewissen reden möchte. Sie lassen sich nämlich ebenso wie Petrus von gesetzeseifernden Judenchristen vom geraden Weg des Evangeliums abbringen (vgl. V. 14).

Paulus zögert nicht, Petrus und den anderen Judenchristen, die er ansteckte, Heuchelei vorzuwerfen, also ein Verhalten wider besseres Wissen. Sie waren zu ängstlich, um auch gegenüber Jerusalem die Konsequenzen der eigenen Abmachungen und den Geist des Evangeliums zu vertreten. Und was für Paulus besonders bitter ist: Auch sein langjähriger bewährter Mitarbeiter (vielleicht sogar ehemals sein Lehrer; vgl. Apg 11,25 f; 13,1), sein Mitstreiter beim »Konzil«, auch er gab dem Druck nach (V. 13).

Sie alle wichen von der »Wahrheit des Evangeliums« ab. Paulus gebraucht hier denselben Ausdruck wie in Vers 5. Für ihn stand also das »Konzil« auf dem Spiel, obwohl das Abkommen selbst nicht verletzt wurde. Nicht der Buchstabe, sondern der Geist des Abkommens und vor allem das Evangelium selbst waren in Gefahr. Die grundsätzliche Einigung in der Frage der Heidenkirche hatte ja nicht alle damit zusammenhängenden Probleme gelöst, sondern solche erst hervorgerufen. Das ist nicht verwunderlich. Jeder Neuaufbruch bringt Schwierigkeiten mit sich. Dann aber gilt es, die Richtung beizubehalten, die aufkommenden Fragen in der Richtung des Aufbruchs zu entscheiden und sich vor allem nicht rückwärts zu bewegen. Das wäre – in der antiochenischen ebenso wie in der heutigen »nachkonziliaren« Situation – ein Verrat am »Konzil« und seinem Geist. Nicht weniger als das warf Paulus den anderen vor.

Vor versammelter Gemeinde stellte er Kephas zur Rede (V. 14). Die Sache des Evangeliums, der Kephas öffentlich und sicher nicht ohne Verwirrung der Gemeinde geschadet hatte, mußte ebenso öffentlich wieder klargestellt werden. Die Verleugnung der Mahlgemeinschaft zwischen Beschnittenen und »Unreinen« betraf schließlich den Kern des Christusglaubens (vgl. Lk 15,1 f), die Freiheit und Einheit in Christus. Dies legt die folgende Paulusrede (VV. 14–21) dar. Sie richtet sich formell an Petrus, geht aber unmerklich in eine Erklärung für die Galater über. Deren Situation hat Paulus ja letztlich im Auge, auch wenn er vordergründig von Antiochia spricht.

In Vers 14 deckt Paulus den Widerspruch auf, der sich aus dem

Verhalten des Kephas ergibt, wenn man die Einheit der Gemeinde nicht aufgeben will. Dann müßten nämlich die Heidenchristen plötzlich alle jüdisch leben, nur weil Kephas, der vorher als Jude ohne Schwierigkeiten heidnisch gelebt hat, auf einmal wieder wie ein Jude lebt. Das würde nicht nur eine Zumutung bedeuten, sondern auch das von Paulus verkündete und in Antiochia praktizierte Evangelium auf den Kopf stellen.

Barnabas

Sieht man von seinem häufigen Vorkommen in der Apostelgeschichte ab, so begegnet Barnabas im Neuen Testament nur 1 Kor 9,6; Gal 2,1.9.13 und Kol 4,10. Dieser Befund läßt nicht erkennen, wie bedeutend Barnabas in Wirklichkeit für die Geschichte der Urkirche war.

Nach den wohl zuverlässigen Angaben in Apg 4,36f. war er ein (aus Zypern stammender) Diasporajude, also mit griechischer Sprache und Kultur aufgewachsen, der aber in Jerusalem lebte und dort zur Urgemeinde stieß. Eine Sendung im Auftrag der Apostel (Apg 11,22) oder schon die Vertreibung der (teilweise aus Zypern stammenden) Christen um Stephanus (Apg 11,19f.) führte ihn in die syrische Hauptstadt Antiochia. Jedenfalls gehörte er schon sehr früh und als bedeutendster Mann zum Führungskreis der dortigen Gemeinde. Das beweist die alte fünfteilige Namensliste von Apg 13,1, die wie die Zwölferliste mit Petrus (Mk 3,16f.; Apg 1,13) und die Siebenerliste mit Stephanus (Apg 6,5) die wichtigste Person als erste nennt.

Wenn das zutrifft, dann ist die Rolle des Barnabas kaum zu überschätzen. Denn mit der Gemeindegründung in Antiochia war das Christentum nicht nur der (neben Rom und Alexandria) drittgrößten Stadt der damaligen Welt eingepflanzt. Es konnte über ihren Seehafen Seleuzia (Apg 13,4) auch leicht zu allen Zentren des römischen Reiches gelangen, und dies als städtische Bewegung, die rasch alle Provinzen erfaßte.

Noch wichtiger: Zusammen mit Paulus vertrat und praktizierte er die Heidenmission ohne Beschneidung, auch über

Antiochia hinaus (vgl. Apg 13 – 14). Diese antiochenische Praxis führte zu Spannungen mit den strengen Judenchristen in Jerusalem. Aber Barnabas und Paulus setzten als Vertreter Antiochias die Anerkennung des gesetzesfreien Evangeliums durch (Gal 2,1–10). Damit war sowohl die Öffnung der Kirche wie ihre Einheit gewahrt.

Die letztere stand dann nochmals auf dem Spiel: bei dem Streit um die Tischgemeinschaft zwischen Juden- und Heidenchristen in Antiochia (Gal 2,11–14). Hier allerdings trat Barnabas, gegen Paulus und die ursprüngliche antiochenische Übung, wieder auf die Seite des Petrus und der anderen Jerusalemer.

So spiegelt der Weg des Barnabas das ganze Ausmaß der Schwierigkeiten, die sich für die junge Kirche bei ihrem Aufbruch aus Israel ergaben. Er war nicht nur an den entscheidenden Wendepunkten der Entwicklung zu finden, sondern mußte wie kaum ein anderer die aufkommenden Spannungen in sich selbst austragen. War er doch Diasporajude und gleichzeitig dem Tempel zutiefst verbunden. Er war ein führender Mann in der antiochenischen, aber hervorgegangen aus der jerusalemischen Gemeinde. Bei den Aposteln in die Schule gegangen, war er zunächst wohl Lehrer und dann sicher Schüler, jedenfalls Mitarbeiter und Mitkämpfer des Paulus, um schließlich wieder die Haltung des Petrus zu übernehmen. So veranschaulicht die Person des Barnabas beispielhaft die gespannte Situation der judenchristlichen Kirche zwischen Israel und den Heiden.

Die Mitte des Evangeliums:
Rechtfertigung aus dem Glauben an Christus (2,15–18)

Paulus geht nun die aufgeworfenen Fragen ganz grundsätzlich an, und die folgenden Ausführungen (VV. 15–21) stellen die theologische These, die programmatische Grundaussage des Briefes dar. Der Ausgangspunkt ist der Gegensatz zwischen dem von Gott mit Vorzügen ausgestatteten Volk Israel (vgl. Röm 9,4 f.) und den sündigen Heidenvölkern, kurz zwischen Juden und Sündern (V. 15).

Aber diese aus der Geschichte überkommene Einteilung der Menschheit wird nun für bedeutungslos erklärt (V. 16). Für die Juden gibt es keinen anderen Weg zur Rechtfertigung vor Gott als für die anderen Menschen, auch nicht den der Gesetzesbeobachtung. Auch für sie gibt es nur den Weg des Christusglaubens (vgl. Röm 3,22). Das ist der Grund, warum Paulus und die anderen als Juden diesen Glauben angenommen haben.

Hier begegnet zum ersten Mal – in Vers 16 gleich dreimal – der zentrale paulinische Begriff der Rechtfertigung. Hinter dem »gerecht werden« unseres Textes steht das griechische Wort für »gerecht gemacht werden/gerechtfertigt werden«. Der Handelnde ist nicht ausdrücklich genannt, aber eindeutig Gott (wie oft bei solchen Formulierungen im Passiv). Dabei geht es nicht um Gerechtmachen im ethischen Sinn, sondern um das göttliche Gerichtsurteil, um die Frage, ob der Mensch von Gott gerechtgesprochen, d.h. freigesprochen wird, ob er trotz seiner Schuld als unschuldig anerkannt und so mit Gott versöhnt wird.

Wichtig ist nun für Paulus, daß Gott solche endgültige Rechtfertigung nicht dem Endgericht vorbehalten, sondern schon in der Gegenwart ermöglicht hat, nämlich in Christus. Insofern ist das Christusgeschehen das Ende der Zeit. Von jetzt an, d.h. mit Christus, kann der Mensch nicht nur (wie früher mit der Gesetzesbeobachtung) sich um die Voraussetzungen für seinen Freispruch bemühen, sondern tatsächlich gerechtfertigt werden, und dies ohne Gesetz, ausschließlich durch den Glauben (vgl. Röm 3,21 f.).

Das ist die entscheidende Erkenntnis des Paulus, der Kern seines Evangeliums, den er hier zum ersten Mal umschreibt: Die Rechtfertigung erreicht der Mensch nicht durch die Erfüllung des Gesetzes, obwohl es dabei um göttliche Gebote geht. Sie wird nicht durch fromme Werke, überhaupt nicht durch religiöse Leistungen erlangt. Am Schluß von Vers 16 wiederholt Paulus diese Grundthese mit Hilfe eines Psalmverses, der von der allgemeinen Unmöglichkeit spricht, vor Gott gerecht zu sein. Mit der Einfügung »durch Werke des Gesetzes« vertieft Paulus den Sinn des Psalmwortes von seiner Erkenntnis aus: Nichts, was der Mensch als solcher beisteuern kann, verhilft ihm zur Rechtfertigung.

Diese Möglichkeit bietet, wie Paulus in Vers 16 ebenfalls zweimal betont, nur der Glaube an Christus. Dies ist wieder ein Zentralbegriff des Paulus, mit dem er das Wesen christlichen Daseins überhaupt erfaßt. Besagt Glaube schon im Alten Testament, daß man einer Botschaft Glauben schenkt und sich auf jemand unbedingt verläßt, so bedeutet er bei Paulus neben der Annahme der Christusbotschaft vor allem den radikalen Verzicht auf eigene Rechtfertigungsversuche durch fromme Werke und das volle Vertrauen auf das, was Gott in Christus am Kreuz getan hat.

Diese gewagte Aussage ruft sofort einen Einwand hervor (V. 17). Es ist allerdings nicht eindeutig, wie Paulus ihn verstanden wissen will und behandelt. Man kann Vers 17 folgendermaßen verstehen: Die Tatsache, daß wir nach der Rechtfertigung in Christus streben (V. 16), bringt die andere Tatsache ans Licht, daß wir Sünder sind; denn andernfalls wäre dieser Weg nicht nötig gewesen. Christus aber wegen seines Dienstes für die Sünder einen Diener der Sünde zu nennen, wäre absurd.

Auch Vers 18 ist nicht ganz klar. Mit dem Niederreißen und Wiederaufbauen ist jedenfalls das gemeint, was Kephas in Antiochia getan hat: Zuerst hat er sich in der Freiheit des Evangeliums über das Gesetz hinweggesetzt, und dann hat er es wieder als verpflichtend anerkannt. Damit aber, will Paulus wohl sagen, hat er sein vorheriges Verhalten als schuldhaft, eben als Übertretung des Gesetzes erscheinen lassen.

Die Entsprechung zwischen Vers 17 und Vers 18 legt etwa den folgenden Gedanken nahe: Wie die Wende zu Christus meine vorausgehende Existenz als Sünderdasein erweist, so die Rückkehr zum Gesetz das vorausgehende Verhalten als Fehlverhalten.

Die Mitte des Evangeliums:
Leben aus dem Tode Christi (2,19–21)

Für Paulus gibt es das Gesetz nicht mehr (V. 19) und somit auch keine Rückkehr, geschweige denn eine Übertretung (vgl. Röm 4,15). Und umgekehrt ist er selbst für das Gesetz tot, d. h. nicht mehr zugänglich (vgl. Röm 6,11: »tot für die Sünde«). Statt dessen lebt er für Gott. Beides aber durch das Gesetz. Dieses Selbstzeugnis, mit dem Paulus zum ersten Mal die Wirksamkeit des Gesetzes charakterisiert, ist für Juden unbegreiflich.

Es gibt ergreifende jüdische Aussagen, die eine unendliche Hochschätzung des Gesetzes bezeugen. Seine Heiligkeit, seine Unantastbarkeit, von der auch Mt 5,18 spricht, wird in einem rabbinischen Text folgendermaßen beschrieben:

»Auch wenn alle, die in die Welt kommen, sich zusammentäten, um einen Flügel vom Raben weiß zu machen, so würden sie dazu nicht imstande sein. Ebenso wenn alle, die in die Welt kommen, sich zusammentäten, um ein Jod, das der kleinste unter den Buchstaben des Gesetzes ist, auszureißen, so würden sie dazu nicht imstande sein.«
(Midrasch zu Hld 5,11)

Nach Ps 1 ist das Gesetz die Quelle des Lebens. Dieser Gedanke bestimmt auch die aramäische Übersetzung bzw. Deutung von Hld 8,1 f.:

»In jener Zeit wird sich der König, der Messias, der Gemeinde Israel offenbaren, und die Kinder Israels werden zu ihm sagen: Komm, sei uns zum Bruder, und wir wollen nach Jerusalem hinaufziehen, um mit dir die Gründe der Tora einzusaugen, wie ein Kind an der Brust seiner Mutter saugt ...«
(Targum Hld 8,1 f.)

Der ganze lange Psalm 119 zeichnet das Gesetz als ersehntes Ziel des Frommen, besonders eindrucksvoll in den Versen 14–16.33–36.46–48.62.83.129–131. Es ist geradezu ein Liebesverhältnis, das den Beter mit dem Gesetz verbindet. Freilich zeigt sich darin nichts anderes als seine Liebe zu Gott. In der Sehnsucht nach dem göttlichen Gesetz sehnt er sich nach Gott selbst. Das Gesetz ist die Brücke zu Gott. Diesen Zusammenhang verkehrt Paulus nun ins Gegenteil. Das Gesetz ist für ihn ein Hindernis auf dem Weg zu Gott. Er sieht Gesetz und Gott im Gegensatz zueinander. Er muß sich dem einen entziehen, um für den anderen dasein zu können.

Wie geschieht nun beides »durch das Gesetz«? Paulus verweist hier in stark verkürzter Rede auf einen Sachverhalt, den er Röm 7,4 ausführlicher beschreibt. Statt »durch das Gesetz« sagt er dort wörtlich »durch den Leib Christi«. Damit ist der Gekreuzigte gemeint, der uns »vom Fluch des Gesetzes freigekauft« hat (Gal

2,13). Dadurch, daß das Gesetz uns versklavt hat (Gal 4,3–5), hat es unseren Freikauf nötig gemacht, ja geradezu provoziert und so indirekt die Schaffung des neuen Lebens für uns bewirkt.

Der Schluß von Vers 19 bestätigt mit der ausdrücklichen Nennung des Kreuzestodes das Gesagte. Paulus denkt bei dem »Sterben« bzw. »Mitsterben« an die Taufe. Das macht ein Blick auf Röm 6,6 deutlich, wo Paulus von der Taufe sagt: »Unser alter Mensch wurde mitgekreuzigt, damit ... wir nicht Sklaven der Sünde bleiben.«

In einer russischen Erzählung wird ungefähr folgendes berichtet: Ein Mann wollte seinen Schatten loswerden und lief immer schneller, um ihm zu entkommen. Der aber folgte ihm ständig und ließ sich nicht abschütteln, ja er trieb ihn schließlich in den Tod. Als dies der Starez, ein in Weisheit ergrauter Mönch, erfuhr, sagte er: »Der Arme hätte sich nur in den Schatten eines Baumes zu stellen brauchen.« Ähnlich wie unser Schatten im Schatten des Baumes ist für Paulus unser Fluch im Fluch des Kreuzes aufgehoben, sind wir durch das Gesetz tot für das Gesetz, d. h. frei von ihm.

Der von Christus Befreite ist so auf Gott ausgerichtet, so vollkommen seiner Herrschaft unterstellt, daß er sein Leben nun von einem neuen Ursprung her empfängt. Er lebt nicht mehr wie der alte Mensch aus sich. Es lebt überhaupt nicht mehr sein Ich, kann Paulus sogar sagen (V. 20). Die Personmitte wird vielmehr von einem anderen beherrscht: von Christus. In der Taufe hat er sein altes Ich preisgegeben, um nun das ganz auf Gott bezogene und Gott zu verdankende Leben des Auferstandenen zu teilen.

Freilich lebt er noch in der Welt. Aber es ist nicht mehr wie früher (vgl. 2 Kor 10,3). Die alte Lebensweise, überhaupt die alte Welt ist »überholt« (vgl. 6,15; 2 Kor 5,17). Jetzt versucht er sein Leben nicht mehr auf eigene Leistungen zu gründen, sondern er baut restlos auf das, was Gott selbst in seinem Sohn bzw. Christus als Gottes Sohn für ihn getan hat. Er lebt jetzt als Glaubender. Was für ihn und für alle geschehen ist, beschreibt Paulus hier als die liebende Selbsthingabe des Sohnes (vgl. 1,4), in Röm 8,32 als seine Hingabe durch Gott. Auf jeden Fall lebt der Glaubende nicht aus der Erfüllung von Forderungen, sondern aus der Erfahrung ihm geschenkter Liebe.

Möglicherweise wehrt Paulus abschließend noch den Einwand

ab, er erkläre mit dem Gesetz auch Gottes Heilswillen für ungültig (V. 21). Wahrscheinlicher aber meint »Gnade« hier die Heilstat Gottes in Christus. Und dann ist Vers 21 nur die Verdeutlichung des vorher Gesagten. Paulus denkt dabei vielleicht an das kritisierte Verhalten des Kephas und anderer Judenchristen in Antiochia, sicher aber an die Vorstellungen seiner Gegner in Galatien. Im Gegensatz zu ihnen denkt er nicht daran, die Tat Gottes in ihrer Heilsbedeutung zu schmälern. Das wäre die Folge, wenn er auch auf Gesetzeswerke setzen würde. Wenn das Gesetz rechtfertigt, dann ist das Kreuz überflüssig und umgekehrt. Hier gibt es keinen Kompromiß. Entweder das Gesetz oder Christus, entweder Gesetzeswerke oder Glaube an das Evangelium (vgl. 3,18).

2. Aufruf an die Galater (3,1–5)

Kommt zur Besinnung! (3,1)

Mit 3,1 geht Paulus zur direkten Anrede der Galater über. Zunächst (3,1–5) gibt er seiner Verwunderung und Erregung Raum. Sie sind in einer ganzen Reihe sich überstürzender Fragen zu spüren, allen voran auch schon in dem Ausruf, mit dem er die Adressaten, wie sonst selten (2 Kor 6,11; Phil 4,15), namentlich nennt und darüber hinaus als »dumm« bezeichnet.

Mit dem letzteren meint Paulus nicht mangelnde Intelligenz, wie sie Hieronymus den Galatern nachgesagt hat, sondern das Versagen des Verstandes in der damaligen Situation. Wie das Vorkommen desselben Wortes in Vers 3 zeigt, appelliert Paulus hier an die Urteilsfähigkeit der Galater. Wenn sie nur ein wenig über ihre Erfahrungen nachgedacht hätten, wäre es nicht so weit mit ihnen gekommen. Der gesunde Menschenverstand hätte sie davor bewahrt.

Darauf zielt auch der in Vers 1 folgende erste Ausdruck des Befremdens in Frageform. Es kann nicht mit rechten Dingen zugegangen sein bei den Galatern. Sie sind, so das griechische Wort hinter »verblendet«, wie verhext, wie verzaubert. Der rasche Wandel bei ihnen ist um so schwerer zu erklären, als ihnen der Gekreuzigte wirklich deutlich vor Augen geführt, d.h. wie in einem öffentlichen Anschlag bekanntgemacht worden ist.

Christus am Kreuz, wie ein am Galgen hängender Verbrecher, auf diese Kurzformel bringt Paulus den Inhalt seiner Predigt. Wie hier (vgl. 5,11; 6,12.14) tut er das auch im 1. Korintherbrief (1,17f.23; 2,2) und indirekt im Philipperbrief (3,18; vgl. 2,8). An allen drei Stellen verteidigt er seine Botschaft, tritt er kämpferisch für das Evangelium ein. Während er sonst vom Tod (und von der Auferweckung) Christi spricht und das »Kreuz« z.B. im ganzen Römerbrief nicht erwähnt, stellt er den Gekreuzigten immer dann in den Vordergrund, wenn die Mitte des Evangeliums umstritten ist, wenn es als ganzes auf dem Spiel steht. Dann spitzt er es in radikaler Redeweise auf diesen Punkt zu.

Die Kreuzigung

Jesu Tod am Kreuz war ein entsetzlich qualvolles und äußerst schändliches Sterben. Wenn es wenigstens ein auffallendes, einmaliges Ereignis der Weltgeschichte gewesen wäre! Aber die Kreuzesstrafe war im Altertum so verbreitet, daß Jesus mit seinem schrecklichen Ende einer von vielen war und darin einsam unterging.

Die Kreuzigung war eine politische und militärische Strafe. Die Römer wandten sie seit den Punischen Kriegen (3. Jh. v. Chr.) an; erst Konstantin d. Gr. (4. Jh. n. Chr.) schaffte sie ab. Man hoffte auf ihre abschreckende Wirkung und bestrafte mit ihr vor allem Sklaven, Gewaltverbrecher und Aufrührer. Die Juden kannten sie als Strafe für Hochverrat, aber nur in der Zeit vor Herodes. Damals sollen 800 Phärisäer auf diese Weise hingerichtet worden sein. Aber die Juden machten keinen Gebrauch mehr davon, als die Römer ins Land kamen und sie ausgiebigst benutzten, um gegen Rebellen vorzugehen. So wurden vom Ende des 1. Jh. v. Chr., damals unter dem bekannten Varus, bis zur Zerstörung Jerusalems im Jahre 70 in Palästina mehrere Tausend von den Römern gekreuzigt, unter ihnen auch Jesus. Da es sich dabei um Aufständische und deren Sympathisanten handelt, ist auch Jesu Kreuzigung als Bestrafung und Beseitigung eines politischen Aufrührers zu sehen.

War die Kreuzigung selbst schon äußerst qualvoll und manchmal eine tagelange Folter, so gingen ihr gewöhnlich noch andere grausame Quälereien, so z.B. die Geißelung, voraus. Wehrlos und nackt war der am Schandpfahl Hängende öffentlich zur Schau gestellt. In den Augen der Juden, die Dtn 21,23 kannten, galt der Gehenkte darüber hinaus als verflucht. Die Schändung des Gekreuzigten erreichte im allgemeinen darin ihren Höhepunkt, daß man seinen Leichnam nicht bestatten, sondern für die wilden Tiere hängen oder liegen ließ.

Nach diesen Andeutungen dürfte schon klar sein, warum die Predigt vom gekreuzigten Messias und Gottessohn eine Zumutung war, »für Juden ein empörendes Ärgernis, für Heiden eine Torheit« (1 Kor 1,23). Durch seine – auch zur Gewöhnung führende – jahrhundertelange Verehrung hat das Kreuz für uns seine Anstößigkeit verloren. Es ist zum weihevollen Gegenstand, zum frommen Symbol, zum religiösen Artikel, ja sogar zum Ehrenzeichen – als Brust- und Verdienstkreuz –, zum kostbaren Schmuckstück und zur spielerischen Verzierung geworden. Wie es ursprünglich gewirkt haben muß, zeigt das in Rom ausgegrabene Spottkruzifix: Es ist die Karikatur eines Gekreuzigten mit Eselskopf.

Geist oder Fleisch, Gesetz oder Glaube (3,2–5)

In Vers 2 stellt Paulus die Galater regelrecht zur Rede. Dabei erinnert er sie an ihre eigene Erfahrung. Sie haben in ihrer Mitte das Wirken des Geistes erlebt. So unbestreitbar wie diese Tatsache ist, so eindeutig ist die Frage nach der Vermittlung des Geistes zu beantworten. Nicht auf Grund frommer Leistungen haben sie ihn empfangen, sondern als Geschenk, nämlich in dem Augenblick, als sie sich der Botschaft des Glaubens öffneten, als sie im Glauben an den Gekreuzigten und in der Gemeinschaft mit ihm zu neuen Menschen wurden.

Diese Antwort braucht Paulus gar nicht zu geben. Statt dessen macht er den Galatern klar, wie »dumm« sie eigentlich sind (V. 3).

Wie kann man nur »so« schwer von Begriff sein?! Sie scheinen nicht zu begreifen, daß sie zwei unvereinbare Dinge verbinden wollen und in Wirklichkeit aus großer Höhe in die Tiefe fallen; »Vollendung« kann da nur ironisch gemeint sein. Als Gegensatzpaar nennt Paulus hier Geist und Fleisch. Das letztere meint nicht nur allgemein Menschliches und Weltliches, sondern speziell die eigenmächtigen Versuche, mit denen der Mensch seine Gerechtigkeit und sein Heil aus eigener Kraft, eben durch »fleischliche« Werke, bewirken möchte (vgl. Röm 10,3). Das Gegenteil ist die neuschaffende Kraft Gottes. Ihr haben sich die Galater in der Taufe anvertraut. In diesem Sinn haben sie als Glaubende gelebt, bis »jetzt«, d. h. bis zum Auftreten der gesetzesstrengen und eifernden Judenchristen, der sogenannten Judaisten.

Und nun soll alles vorbei sein? Die Erfahrung des schöpferisch Neuen soll nicht nur zu Ende, sondern spurlos vergessen sein? Wenn das zutrifft, dann war sie wirklich umsonst, dann hat sie nichts bewirkt. Und dann war nicht nur die Kreuzespredigt, sondern das Kreuz selber sinnlos (V. 4; vgl. 2,21). Aber damit kann Paulus sich nicht abfinden. Er nimmt die Frage von Vers 2 nochmals auf (V. 5), um die Galater zur Besinnung zu bringen. Er kann sie anscheinend doch auf Erfahrungen verweisen, die sie immer noch machen oder zumindest lebendig in Erinnerung haben. Das Wirken der Macht Gottes verdankt sich nicht menschlichem Bemühen; seine Voraussetzung ist die Empfangsbereitschaft des offenen Menschen.

»Fleisch«

Das Wort »Fleisch« hat schon im Galaterbrief und erst recht bei Paulus insgesamt ganz verschiedene Bedeutungen. Diese können nur im Zusammenhang der jeweiligen Textstellen näher bestimmt werden.

Zunächst übernimmt Paulus den allgemein biblischen Sprachgebrauch. Danach bedeutet »Fleisch« ganz vordergründig das körperliche Fleisch, an dem z. B. die Beschneidung geschieht (Gal 6,13), dann den leiblichen Menschen als ganzen (Röm 6,19: »wegen der Schwachheit eures Fleisches«) und in seiner Menschlichkeit (Gal 1,16: »Nicht Fleisch und Blut« = »keinen Menschen«), schließlich die Menschen insgesamt (Gal 2,16: »kein Fleisch« = »niemand«).

Daneben begegnet der eigene Sprachgebrauch des Paulus. Er verwendet das Wort einerseits zur Kennzeichnung des irdischen und weltlichen Daseins (Gal 2,20: »im Fleische« = »in dieser Welt«; vgl. 4,13). »Fleisch« in diesem Sinn ist der Bereich des Natürlichen, Vergänglichen und Hinfälligen. Davon spricht Paulus mehrmals in 2 Kor 10,2–4: »Sie meinen, wir verhalten uns ›wie nach dem Fleisch‹ (= wie Menschen dieser Welt). Wir leben zwar ›im Fleisch‹ (= in dieser Welt), kämpfen aber nicht ›nach dem Fleisch‹ (= mit den Waffen dieser Welt). Die Waffen unseres Feldzuges sind nämlich nicht ›fleischlich‹ (= irdisch) . . .«

In der anderen Verwendung bezeichnet »Fleisch« bei Paulus das Sündhafte am Menschen, d. h. den Menschen, insofern er der Sünde unterworfen ist (Röm 7,14). Als solcher ist er in vermeintlicher Eigenmächtigkeit auf sich bezogen, sei es in gedankenloser Selbstsucht oder in strebsamer Selbstgerechtigkeit, im Laster des Heiden (Gal 5,19) oder im Eifer des Juden (Gal 3,3). Der »fleischliche« Mensch ist nicht nur auf sich selbst geworfen, sondern damit auch von Gott entfernt; er lebt sogar in »Feindschaft« mit ihm (Röm 8,7). Den Bann des »Fleisches«, dieser ohnmächtigen Eigenmacht des Menschen, hat Christus gebrochen (Röm 8,3). In den zu Christus Gehörenden wohnt nun der Geist Gottes (Röm 8,9). Freilich bleibt auch der befreite und geistbestimmte Mensch vom »Fleisch« bedroht (Gal 5,1.13.16f. 24f.).

3. Abrahams Glaube und die Verheißung des Segens (3,6–18)

Paulus beläßt es nicht bei Hinweisen auf die Erfahrung. Den eigentlichen Beweis für seine These liefert er mit Argumenten aus der Schrift. In 3,6–14 spricht er zuerst von Gottes Segen für den glaubenden Abraham (3,6–9), dann vom Fluch für die Menschen unter dem Gesetz (3,10–12), um schließlich auf beides die Tat Christi zu beziehen (3,13f.). 3,15–18 vergleicht er noch die Abrahamsverheißung mit einem die Erbschaft regelnden Testament. Abraham, die unangreifbare Autorität für Juden, ist das Argument in Person; siebenmal fällt hier sein Name (VV. 6.7.8.9.14.16.18; später noch 3,29; 4,22).

Segen für die aus dem Glauben Lebenden (3,6–9)

In Abraham sehen die Juden ihren Stammvater. Aber Abrahamssohnschaft ist für Paulus mehr, ja sogar etwas anderes als Abstammung von ihm (vgl. Mt 3,9; Joh 8,39). Das Kennzeichnende an Abraham und damit auch an seinen Söhnen ist der Glaube (V. 6f.). Darum zitiert Paulus als erstes Gen 15,6: Gegen alles menschliche Ermessen, hoffend »gegen alle Hoffnung« (Röm 4,18) hat sich Abraham auf Gottes Zusage verlassen.

Er hat damit das verwirklicht, was im Sinne der Bibel und vor allem des Paulus Glaube ist. Ohne leiblichen Nachkommen waren er und seine Frau Sara alt geworden, so alt, daß er nach menschlichem Ermessen auch kein Kind mehr erwarten konnte. Da führte ihn Gott in das Dunkel der Nacht hinaus und verhieß ihm Nachkommenschaft, so zahlreich wie die Sterne am Himmel (Gen 15,5). Abraham hätte nun auf sein und seiner Frau hohes Alter hinweisen können, wie später Zacharias im Tempel (Lk 1,18). Aber er vertraute sich der Kraft und Schöpfermacht Gottes an und erwartete nichts von sich selbst. Er setzte auf Gottes Wort und legte die Zukunft in Gottes Hand.

Und so, auf Grund dieses Glaubens, ist er für gerecht erklärt worden, nämlich von Gott, der allein das Urteil spricht. Daraus folgt für Paulus: Nur »die aus dem Glauben (Lebenden)«, wie er wörtlich sagt, deren Leben wie bei Abraham im Glauben gründet, nur sie können sich seine Söhne nennen. Es ist eine übernatürliche Sohnschaft, so übernatürlich wie das Geschenk des Sohnes für den glaubenden Abraham.

Bei den jüdischen Rabbinen gibt es die auf die Bücher des Mose bezogene formelhafte Frage: »Was hat das Gesetz gesehen?« Ähnlich zitiert nun Paulus die Schrift wie eine sehende Person (V. 8; vgl. 3,22). Mit der Verheißung von Gen 12,3 und 18,18 hat sie den Heiden schon im voraus das Evangelium verkündet, wie Paulus wörtlich sagt, nämlich den Kern seiner Predigt: Rechtfertigung für die Völker auf Grund des Glaubens, wie bei Abraham. Das ist der von ihm auf alle Völker sich ergießende Segen (V. 9).

Fluch für die aus dem Gesetz Lebenden (3,10–12)

Der schärfste Gegensatz zum Segen ist der Fluch. Er betrifft, so Paulus wörtlich, »die aus den Werken des Gesetzes leben«, deren Leben im Gesetz gründet (V. 10). Den gesegneten »Glaubensmenschen« von Vers 7 und 9 stellt Paulus die verfluchten »Gesetzeswerkmenschen« gegenüber. Wie kommt Paulus dazu? Hat er den überschwenglichen Lobpreis des segensreichen Gesetzes in Ps 1 vergessen? Er begründet seine Aussage mit einer anderen Schriftstelle (Dtn 27,26), die man als reine Drohung für Gesetzesübertreter und damit als Bestätigung zu Ps 1 lesen könnte. Aber er möchte sie nicht nur als Androhung, sondern als Verhängung des Fluches . verstanden wissen; denn tatsächlich erfüllt kein Mensch die Forderungen des Gesetzes, und somit sind alle »verflucht«.

Paulus verdeutlicht dies in Vers 11 f. Weil keiner das Gesetz erfüllt, wird auch keiner vor Gott gerechtgesprochen und gerettet. Das ergibt sich aus einer anderen Schriftstelle (Hab 2,4): Rechtfertigung und damit Heil – Leben in Fülle also – gibt es nur auf Grund des Glaubens. Als Verzicht auf eigene Rechtfertigungsbemühungen ist der Glaube das Gegenteil von dem, was das Gesetz fordert. Es kann nicht beides zugleich Heilsweg sein: Da es das menschliche »Tun« der Gebote nicht ist – faktisch »tut« sie ja keiner (V. 10) –, ist es das Vertrauen auf die »Tat« Gottes.

Befreiung vom Fluch und Empfang des Segens durch Christus (3,13–14)

Ziemlich unvermittelt, nur mit dem Stichwort »Fluch« an Vers 10 anknüpfend, geht Paulus zur Tat Christi über. Mit dem Wort »freikaufen« (vgl. »erkaufen/erwerben« in 1 Kor 6,20; 7,23) beschreibt er 4,5 das Herausholen aus dem Sklavendasein in die Freiheit. Nach 3,13 hat Christus uns aus dem Fluch, d.h. aus einem Dasein, das vom Fluch nicht nur bedroht, sondern tatsächlich betroffen und erfaßt ist, herausgeholt. Was hinter uns liegt, ist ein verfluchtes Dasein. Liegt es wirklich hinter uns? Die Galater sind dabei, diese verhängnisvolle Vergangenheit wieder heraufzubeschwören.

Damit wäre aber das »Geschäft«, von dem hier wie in 4,5 die Rede ist, vergeblich gewesen. Denn Christus ist als Kaufpreis ein für allemal an unserer Stelle unter den Fluch getreten und »zum Fluch geworden«. Diese eigenartige Ausdrucksweise erinnert an 2 Kor 5,21: Gott hat »den, der keine Sünde kennt, für uns zur Sünde gemacht« (nicht zum Sünder). Wie Christus die Auswirkungen der Sünde auf sich nimmt, so wirkt sich auch der Fluch an ihm aus. Wie wir im Deutschen sagen können, daß jemand zum Gespött der Leute wird, so kann auch das Hebräische, von dem Paulus hier beeinflußt ist, einen Leidenden mit seinem erlittenen Schicksal gleichsetzen und bezeichnen. So heißt es Jer 24,9: »Ich mache sie zu einem Bild des Schreckens für alle Reiche der Erde, zum Schimpf und Gespött, zum Hohn und zum Fluch an allen Orten, an die ich sie verstoße.« Ähnlich formuliert Jer 42,18.

Dieses Verständnis wird durch das unmittelbar folgende begründende Schriftzitat aus Dtn 21,23 bestätigt: »Fluch« ist er als »Verfluchter«, und dies deshalb, weil er »am Pfahl hängt«. Damit wendet Paulus die Aussage der Schrift bezüglich toter Verbrecher auf Christus an. In Israel wurden nämlich die Leichen von Hingerichteten an einem Baum oder Pfahl aufgehängt (vgl. Jos 8,29; 10,26f.; 2 Sam 4,12). Nach der Bestimmung von Dtn 21,22f. durften sie aber nicht über Nacht hängenbleiben; denn die Gehenkten waren verflucht (und ihre Leichen hätten das Land verunreinigt). Das Ende Christi am Kreuz, das Hängen des Toten »am Pfahl« – nur darauf kommt es Paulus an – macht ihn zum Verfluchten.

Indem Christus nun »für uns« zum Fluch wurde, nahm er ihn von uns. Nach dem Zitat von Dtn 27,26 in Vers 10 hätte der Fluch uns treffen müssen; aber nun wirkt er sich an dem aus, der als einziger die Vorschriften des Gesetzes erfüllt hat.

Da wir dem Fluch des Gesetzes entzogen sind, hat das Gesetz überhaupt keine Macht mehr über uns (vgl. 4,5). Es spielt keine Rolle mehr. Gott kann nun davon absehen und das Heil unabhängig vom Gesetz (vgl. Röm 3,21) und damit über Israel hinaus allen Völkern schenken. Nun kommt der Segen, den Gott nach Vers 8 dem Abraham für alle Völker versprochen hat (V. 14). Dieser

Segen besteht darin, daß wir den »verheißenen Geist« (vgl. Apg 2,33) empfangen (vgl. Gal 4,5.6). Ja, der im voraus verkündete Segen (V. 8) ist der Geist. Gesegnet wird, wer »aus dem Glauben« lebt (V. 9), und auch den Geist empfangen wir »aufgrund des Glaubens« (V. 14).

Wenn uns nach Vers 14 der Segen »in Christus Jesus« und damit der Geist zuteil wird, dann ist damit auch etwas über das Verhältnis zwischen Christus und dem Geist gesagt. »In Christus« sind wir erfüllt vom Geist. Und umgekehrt: Der Geist ist die Gegenwart Christi. Und wenn Christus die Gegenwart Gottes ist, dann ist im Geist Gott selber anwesend. Das wiederum bedeutet: Der Segen, der in Christus im Geist bzw. als der Geist in die Welt kommt, ist nicht irgendein Heilsgut, sondern letztlich Gott selbst.

Das Gesetz macht die Verheißung nicht ungültig (3,15–18)

Nach dem sachlichen Gegenüber von Verheißung und Gesetz betrachtet Paulus nun ihr geschichtliches Verhältnis. Dieses vergleicht er in 3,15–18 mit dem Verhältnis zwischen einem gültig hinterlassenen Testament und einer späteren Nichtig- oder Zusatzerklärung. Solche Erklärungen gibt es nicht, und wenn es sie gibt, sind sie unwirksam (V. 15). Dem Testament im menschlichen Rechtsleben entspricht nun, wie Paulus ausdrücklich erklärt, die göttliche Verheißung, die Christus zum »Erben« eingesetzt hat (V. 16). Auch dieses Testament bleibt gültig, bis der ins Auge gefaßte Erbe kommt. Andere Bestimmungen sind kein rechtskräftiger Nachtrag, wie die Juden meinen, sondern vorübergehende Regelungen und dem Testament gegenüber ohnmächtig (V. 17). Beides läßt sich auch nicht addieren. Hat sich Gott hier in einen Widerspruch verwickelt? Dazu muß Paulus nun Stellung nehmen.

Mit der Anrede »Brüder« schlägt er in Vers 15 wieder einen verbindlichen, herzlichen Ton an (vgl. den Wechsel der Tonart auch 1,11; 4,12; 5,13). Er begibt sich auch sachlich auf eine andere Ebene und verdeutlicht dies mit der ihm eigenen formelhaften Wendung »ich rede nach Menschenart« (wie sie in wörtlicher Übersetzung lautet; vgl. Röm 3,5; 1 Kor 9,8; Gal 1,11; ähnlich Röm 6,19; 1 Kor 15,32). Sie enthält hier kein tadelndes Werturteil (wie 1,11), sondern leitet zu dem Versuch über, mit vergleichbaren

Vorgängen unter Menschen das Handeln Gottes einsichtig zu machen. Das ist dasselbe, was Jesus mit seinen lebensnahen Gleichnissen beabsichtigt hat.

Zum Vergleich dient Paulus hier ein Beispiel aus dem Rechtsleben: das Testament, die letztwillige Verfügung eines Menschen. Ohne die damit zu vergleichende Sache zu erwähnen, stellt er zunächst das Testament in seiner Bedeutung und Eigenart vor. Ist es gültig ausgefertigt, so ist es, wie jeder weiß, unangreifbar; es kann weder für nichtig erklärt noch verändert, auch nicht ergänzt und erweitert werden. Wenn Paulus von vornherein betont, daß dazu »niemand« (»keiner«) das Recht oder die Macht hat, dann hat er wahrscheinlich schon das Gesetz als in Frage kommenden Anfechter des Testaments im Auge (vgl. V. 17).

Das Testament steht jedenfalls, wie der nun zur gemeinten Sache übergehende Vers 16 zeigt, für die Verheißungen, die Gott Abraham gegeben hat »und seinem Nachkommen«. Das letztere greift Paulus sofort nochmals auf. Er macht darauf aufmerksam, daß in Gen 22,17 nicht allgemein von Nachkommen gesprochen wird, sondern – in der Einzahl – von einem bestimmten Nachkommen, und er deutet diesen auf Christus. Eine solche Auslegung der ursprünglichen, die Nachkommenschaft als ganze bezeichnenden Wendung »deinem Samen« empfinden wir als einen »Taschenspielertrick« (G. Ebeling 255). Aber einerseits verfährt auch die rabbinische Auslegung häufig in dieser Weise – mehr zur Veranschaulichung als zum Beweis einer Sache –, und andererseits kommt auch Paulus schließlich (V. 29) auf die Bedeutung »Nachkommenschaft« für »Same« zurück. Zur Verheißung selbst lese man etwa Gen 17,1–11.

In Vers 17 wendet Paulus das Beispiel von Vers 15 ausdrücklich an. Dabei steht der Gedanke im Hintergrund: Was bei den Menschen gilt, gilt auch und erst recht bei Gott. Entsprechend ändert das Gesetz nichts an den Verheißungen; denn es kam erst, wie Paulus fast verächtlich anmerkt, als das Testament der Verheißungen schon 430 Jahre (vgl. Ex 12,40f.) in Kraft war.

Das Gesetz so von der Verheißung abzuheben, entspricht allerdings nicht ohne weiteres der jüdischen Überlieferung. Nach manchen Texten hat auch Abraham schon das Gesetz gekannt, so etwa nach der Apokalypse des Baruch:

»Zu jener (Abrahams) Zeit war das Gesetz ungeschrieben bei ihnen allgemein bekannt, und die Werke der Gebote wurden damals (von Abraham) vollbracht, und der Glaube an das zukünftige Gericht wurde damals geboren, und die Hoffnung, daß die Welt erneuert werden wird, wurde damals auferbaut, und die Verheißung des Lebens, das nachher kommt, wurde damals gepflanzt.«
(57,2; zitiert nach *H. Schlier* 147 Anm. 1)

Problematisch ist es auch, das Gesetz gleichsam als selbständige Macht Gott gegenübertreten zu lassen. Der Jude sieht das Gesetz als gottgegeben an, als Nachtrag zur Verheißung. Was Paulus sagt, klingt nach radikaler Abwertung des Gesetzes. Das damit gestellte Problem ist ihm selbst bewußt; es wird ihn weiter beschäftigen.

Zunächst aber treibt er die Spannung noch tiefer. Mit Vers 18 verschärft er das Entweder-Oder zwischen Gesetz und Verheißung. Das »Erbe«, das Heil also, können nicht beide vermitteln, weder einzeln noch zusammen. Wenn aber auch das Gesetz von Gott kommt, hat er sich dann nicht widersprochen?

Die Antwort des Paulus: Nein. Gott selbst – Paulus nennt ihn im Urtext betont am Ende des Satzes – hat sich gegenüber Abraham für die Verheißung entschieden, und diese Entscheidung gilt. Und es war eine Entscheidung für die Gnade, nicht für Verdienste nach dem Gesetz. Freilich muß Paulus nun erklären, wozu und woher dann das Gesetz gekommen ist.

4. Die heilsgeschichtliche Stellung des Gesetzes (3,19–25)

Die Frage, die diesen Abschnitt in Vers 19 einleitet, drängt sich förmlich auf: »Was hat es dann mit dem Gesetz auf sich?« Zu diesem Punkt des paulinischen Gedankengangs bemerkt ein moderner Kommentar: »Ein hochdramatischer Moment! Gesetz und Verheißung sind in scharfen Gegensatz zueinander gestellt worden. Die Verheißung ist von Gott. Also – ist die Thora [das Gesetz] wider Gott! Kann diese Klippe noch umschifft werden? Nirgends im Galaterbrief jagen sich die Gedanken so wie hier. Nirgends muß man so viel zwischen den Zeilen lesen, um dem Text seinen Sinn abzulauschen« (*A. Oepke* 114).

Nach jüdischer Lehre gehört das Gesetz zu den Voraussetzungen der Welt:

»Sieben Dinge wurden geschaffen, bevor die Welt geschaffen wurde, nämlich das Gesetz, die Buße, der Garten Eden, die Hölle, der Thron der Herrlichkeit, das Heiligtum (des Himmels) und der Name des Messias.«
(b. Pes. 54 a)

Für Paulus dagegen scheint das Gesetz ein Fremdkörper zu sein. Jedenfalls ist er mit seinen scharfen Überlegungen bis an die Grenze dieser Schlußfolgerung vorgedrungen. Welche Rolle spielt das Gesetz wirklich?

Das Gesetz kommt nicht unmittelbar von Gott (3,19–20)

Auf die gestellte Frage gibt Paulus in Vers 19 eine erste in äußerste Knappheit gedrängte, vierteilige Antwort: Das Gesetz ist da: 1. um der Übertretungen willen, 2. bis zur Ankunft des erwarteten Nachkommen, 3. erlassen durch Engel, 4. mitgeteilt durch einen Mittler.

1. Das Verhältnis zwischen Gesetz und Sünde hat wahrscheinlich mehrere Schichten. Zunächst macht das Gesetz die Übertretungen als solche erst möglich, kenntlich und anrechenbar (vgl. Röm 5,13). Das Gesetz setzt aber noch tiefer an. Es läßt in den einzelnen sündhaften Übertretungen die Macht der Sünde sich steigern und in ihrem ganzen Ausmaß spürbar werden (vgl. Röm 5,20; 7,13). Schließlich kann man noch daran denken (obwohl das Wort »Übertretungen« das hier nicht nahelegt), daß gerade die Erfüllung der Gebote zum besonders verhängnisvollen Selbstruhm führt. Sie meint die Sünde zu überwinden und gibt ihr in Wirklichkeit nur eine neue Gestalt, die erst recht Gottes Zorn hervorruft (vgl. Röm 4,15), aber nicht nur ihn, sondern auch die Gnade, die den letztlich doch ohnmächtigen und scheiternden Menschen als glaubenden rechtfertigt und neu schafft (vgl. Röm 1,17.18).

2. Das letztere geschieht mit der Ankunft des »Nachkommen«. Demnach hat das Gesetz nur eine zeitlich begrenzte Aufgabe. Die jüdische Überlieferung freilich setzt die ewige Gültigkeit des Gesetzes voraus, so z. B. Bar 4,1: »... das Buch der Gebote Gottes, das Gesetz, das ewig besteht« (vgl. Weish 18,4). Für Paulus dagegen ist das Gesetz weder von noch für die Ewigkeit, sondern nur ein Durchgangsstadium bis zum Eintreffen der Verheißung (vgl. Röm 10,4).

3. Daß das Gesetz »durch Engel« bzw. unter Beteiligung der Engel verordnet wurde, ist eine Auffassung, die nicht erst im Neuen Testament (vgl. Apg 7,38; Hebr 2,2), sondern schon im Judentum nachweisbar ist. Die jüdische Auslegung kann in den Naturgewalten am Sinai geradezu Engelmächte sehen. Das zeigt die Wiedergabe der Schilderung von Dtn 33,2 in der griechischen Bibel:

>»Der Herr kam hervor ... ihm zur Rechten das Feuer des Gesetzes.«
>»Der Herr kam hervor ... ihm zur Rechten die Engel mit ihm.«
>(Dtn 33,2 nach dem hebräischen und nach dem griechischen Text)

Die Beteiligung der Engel bewertet Paulus nun negativ: Das Gesetz ist nicht mehr ausschließlich und ursprünglich Gottes Wort, wohl auch nicht mehr der reine, unverfälschte Wille Gottes.

4. Ausgehändigt wurde das Gesetz durch Mose als Vermittler (vgl. Lev 26,46; Ex 19,7.9; 20,19; 24,3; Dtn 5,4f.).

Diese vierte Aussage greift Paulus in Vers 20 gleich nochmals auf, um die dritte zu untermauern. Die Tatsache, daß Mose als Vermittler, d.h. als Unterhändler, tätig war, beweist das Vorhandensein einer Mehrheit, die er vor Israel vertreten hat. Diese und nicht Gott, der ja ein einziger ist, hat ihm das Gesetz übergeben. Es stammt also tatsächlich von den Engelmächten, im Gegensatz zu den Verheißungen, die Abraham unmittelbar von Gott bekommen hat.

Das Gesetz kann die Verheißungen nicht aufheben (3,21–22)

Die Frage von Vers 21 setzt die Antwort schon voraus. Oder anders ausgedrückt, mit dem folgenden »keineswegs/niemals« zieht sie schon die Folgerung aus dem vorher Gesagten: Das Gesetz kann »also« nicht gegen die Verheißungen sein oder sie gar aufheben. Wenn es so ist, wie Vers 19 sagt, dann ist das Gesetz ja nicht einmal ein echtes Gegenstück zur Verheißung, geschweige denn konkurrenzfähig.

Daß es der Verheißung ihren Rang nicht streitig machen kann, wird aber noch weiter begründet: Es ist unfähig, Leben zu vermitteln. Lebendig machen ist ausschließlich Sache Gottes (Röm 4,17). Das »Gesetz der Sünde und des Todes« (Röm 8,2) dagegen führt letztlich in den Tod (vgl. Röm 7,10). Da es nämlich weder Rechtfertigung noch Gerechtigkeit vermittelt, kann es auch nicht das damit gleichbedeutende Leben schenken. Wenn Paulus im Blick auf den Gekreuzigten irgend etwas klargeworden ist, dann dies: keine Gerechtigkeit »aus dem Gesetz«; »dann wäre ja Christus umsonst gestorben« (2,21).

So ist es aber gerade nicht. Vielmehr hat »die Schrift« alles und alle (vgl. Röm 11,32) unter der Sünde »eingeschlossen«, wie es wörtlich heißt (V. 22). Wie eine Person (vgl. 3,8) läßt Paulus hier die Schrift, die ja Gottes Wort ist, das Urteil Gottes wiedergeben. Der letztlich Handelnde ist also Gott. Freilich ist sein Ziel nicht der Tod des Menschen, sondern – darauf liegt der Ton – die Erfüllung der Verheißung. Daß Gott so handelt und dabei dieses Ziel verfolgt, sagt ganz ähnlich auch Röm 11,32: »Gott hat alle in den Ungehorsam eingeschlossen, um sich aller zu erbarmen.«

Gott hat sein Ziel nun erreicht. Dafür mußte aber das Gesetz erst seine ganze verderbliche Ohnmacht erweisen. Es mußte sich zeigen, daß auf dem Weg der Gesetzeserfüllung kein Heil zu gewinnen ist. So konnte Gott seine Verheißung zum Zug kommen lassen und mit der Tat Jesu den Weg des Glaubens öffnen, auf dem keiner sich eigener Leistungen rühmt, sondern alles um Christi willen von Gott erwartet.

Das Gesetz als Gefängnis und Zuchtmeister (3,23–25)

Den negativen Angaben zur Rolle des Gesetzes läßt Paulus noch zwei positive folgen, jeweils mit einem Bild: das Gesetz als Verwahrungshaft (V. 23) und als erzieherischer Zwang (V. 24 f.).

Am Beginn von Vers 23 betont Paulus den tiefen Einschnitt in der Geschichte, den die Ankunft des Glaubens darstellt. Wohlgemerkt, nicht die Zeit des Glaubens, sondern der Glaube bzw. das Glauben ist »gekommen«. Das Entscheidende wird nicht vom Menschen getan, sondern ihm »gegeben« (V. 21 und, im Urtext, V. 22); es kommt auf ihn zu (3,19.25; 4,4).

Auch die Befreiung aus dem Gefängnis kam von außen. Im Gefängnis des Gesetzes waren wir nämlich streng verwahrt. Es gab keinen Ausweg, keine Möglichkeit, die Mauern zu übersteigen. Wir fielen immer nur, in der ständigen Erfahrung der Sünde, auf uns und unsere Schwäche zurück. Aber die Dauer dieser Haft war von vornherein begrenzt. Sie sollte die Zeit bis zum Kommen des Glaubens überbrücken und uns bereit machen für ihn.

Bis zu seinem Eintreffen, das mit der Ankunft Christi zusammenfällt, war das Gesetz – das ist das zweite Bild (V. 24f.) – unser Erzieher. Als solches wird es nun aber nicht mit einem erziehenden Vater (vgl. 1 Kor 4,15) verglichen, sondern mit dem Pädagogen der Antike. Dieser war in erster Linie die Aufsicht und der Aufseher für die Kinder. Er war für ihr Benehmen verantwortlich. Seine Mittel waren Tadel und Schläge. Meistens war es ein roher, ungebildeter Sklave. Ein solcher Aufpasser war nicht beliebt. Ein Vertrauensverhältnis zu ihm war die Ausnahme. Ebenso hatte das Gesetz den Menschen in Schranken zu halten und zu züchtigen. Es sollte ihm das Pochen auf eigene Leistungen gründlich austreiben, ihn zur Einsicht in die eigene Ohnmacht bringen und ihn reif machen zur Selbstaufgabe bzw., was gleichbedeutend ist, für den Glauben. Nun, da mit Christus der Glaube da ist, hat das Gesetz seinen Dienst getan. Seine Zeit ist vorbei.

Wenn das Gesetz trotzdem noch Macht und Einfluß in der Welt hat, das Gewissen der Menschen bedrückt und ihr Leben verdunkelt, so beweist das nur, daß wir noch nicht begriffen haben, was vor sich gegangen ist, daß Welt und Zeit mit Christus andere geworden sind. Daß das Gesetz als Pädagoge gar nicht mehr zuständig ist und keine Befugnisse mehr über uns hat, das erläutern und begründen die folgenden Verse.

Das Gesetz

Wie die Überlegungen von Gal 3 und erst recht die noch tiefer gehenden Gedanken im Römerbrief zeigen, ist die Bedeutung des Gesetzes ein Schlüsselproblem für Paulus. Für ihn als Juden war das Gesetz ein unverzichtbares Lebenselement. Es stellte seinen Lebensraum, seinen Halt und auch seinen Ruhm dar (vgl. Gal 1,13f.). Doch die Begegnung mit dem Gekreuzigten und Auferstandenen hat diese Einschätzung von Grund auf verändert (Gal 1,15f.). So finden sich bei ihm sehr widersprüchliche, vor allem aber zutiefst negative Aussagen über das Gesetz.

Das Gesetz als Forderung Gottes muß erfüllt werden (Röm 2,13). Unser Tun des Guten oder Bösen wird der Maßstab beim Gericht sein (2 Kor 5,10). Darum ist das Gesetz »heilig, gerecht und gut« (Röm 7,12), »vom Geist bestimmt« (Röm 7,14), eine Freude für den Menschen (Röm 7,22), »Gesetz Gottes« (Röm 7,22.25) und »Wille Gottes« (Röm 12,2). Und wer diesen nicht erfüllt, wird verflucht (Gal 3,10).

Aber gleichzeitig gilt: Die Erfüllung des Gesetzes macht niemanden gerecht vor Gott (Gal 3,11). Ja, das Gesetz führt sogar zur Sünde. Es läßt die Sünde nicht nur kennenlernen (Röm 7,7) und praktisch erfahren (Röm 3,20), sondern auch vermehren (Röm 5,20), indem es »die Leidenschaften der Sünde« hervorruft (Röm 7,5). So führt es letztlich in den Tod (Röm 7,10), als »Gesetz der Sünde und des Todes« (Röm 8,2), als die treibende Kraft, die beiden zur Durchsetzung ihrer Macht verhilft; denn »der (Treiber-)Stachel des Todes ist die Sünde, die Kraft der Sünde aber das Gesetz« (1 Kor 15,56). So bewirkt es schließlich das Zorngericht (Röm 4,15).

Worin ist diese Beurteilung des Gesetzes begründet? Sicher nicht nur darin, daß keiner das Gesetz ganz erfüllt. Es muß etwas dazugekommen sein, das Paulus so entschieden mit dem Gesetz brechen läßt. Und dies ist, wie oben schon angedeutet, das Christusereignis. Das Licht dieses Geschehens, in dem Gott selbst am Menschen gehandelt hat, strahlt für Paulus so hell, daß alles menschliche Tun dagegen nicht nur glanzlos, sondern geradezu dunkel ist (vgl. Phil 3,7f.). Wenn der Mensch aber trotzdem noch eigene Bemühungen um seine Gerechtigkeit zur Geltung bringen möchte, dann tut er so, als hätte Gott nichts getan, als sei nicht Christus für ihn gestorben. Darum führt das Festhalten am Gesetz nicht nur zu keiner Rechtfertigung; es bedeutet sogar neue Sünde. Denn darin mißachtet der Mensch die Gnade Gottes (Gal 2,21). Es ist der schuldhafte Versuch, an Gottes Tat vorbei die »eigene Gerechtigkeit« (Röm 10,3; Phil 3,9) aufzurichten und sich dessen vor Gott zu rühmen (vgl. 1 Kor 1,29; Gal 6,13f.).

5. Glaube und Gottessohnschaft (3,26 – 4,7)

Die Einheit der Getauften mit Christus (3,26–29)

Wo Paulus von der neuen Wirklichkeit spricht, redet er die Galater in gesteigerter Eindringlichkeit direkt an, in 4,7 sogar in der Einzahl. In leichter Verschiebung des vorherigen Bildes nennt er sie jetzt nicht Mündige, sondern Söhne, und zwar nicht nur Söhne Abrahams (vgl. 3,6), sondern Söhne Gottes (V. 26). Das sind sie, wie im Zusammenhang mit Vers 25 zu verstehen ist, auf Grund der neuen geschichtlichen Situation, die geprägt ist durch die Verkündigung des Glaubens.

Dieses Angebot wird einem zuteil in Christus, d.h. durch die Taufe, in der man seinem Leben eine neue Existenzgrundlage gibt und sich in einen neuen Herrschaftsbereich hineinstellt (V. 27). Mit der Taufe »auf Christus« oder »auf den Namen Christi« (vgl. 1 Kor 1,13.15; 10,2) wird man nämlich wie mit einer Giroanweisung gleichsam seinem Konto gutgeschrieben, also ihm übereignet. Man wird eins, ja einer mit ihm, wie das Bild vom Gewand verdeutlicht (vgl. 2,20). Das Christus-Gewand ist also nicht nur symbolisch zu verstehen, auch nicht wie ein Kleid, das sich ohne Änderung der Person beliebig wechseln läßt. Es betrifft und verändert vielmehr das Sein, den Zustand des Menschen.

Die Einheit der Menschen mit und in Christus macht sogar frühere Unterschiede zwischen ihnen gegenstandslos (V. 28). Sie sind jetzt nicht mehr zweierlei Menschen, ja überhaupt nicht mehr viele, sondern zu einer einzigen Person geworden. Paulus denkt vielleicht daran, daß die Getauften zu dem einen gesegneten Nachkommen Abrahams gehören (3,16; 4,29), oder er denkt an den einen Leib Christi, den alle unterschiedslos bilden (1 Kor 12,12f.).

Von den hier genannten Unterschieden ist dem frommen Juden nicht nur der erste (mit der heilsgeschichtlichen Zweiteilung der Menschheit) wichtig. Ihm sind vielmehr alle drei bewußt; denn in seinem Morgengebet dankt er Gott dafür, daß er ihn nicht zum Heiden, nicht zum Sklaven und nicht zur Frau gemacht hat. Für Paulus dagegen sind solche Unterscheidungen hinfällig. Maßgeblich ist allein, ob einer »zu Christus gehört« und damit zum

Nachkommen Abrahams von Vers 16; denn dann betrifft das dem Abraham Verheißene auch ihn (V. 29; vgl. 3,6–18).

Die revolutionäre Aussage von Vers 28 ist wahrscheinlich nicht nur der theologischen Kühnheit des Paulus zuzuschreiben. Die genannten Gegensatz-Beispiele kommen so oder ähnlich auch sonst in den Briefen vor (6,15; 1 Kor 12,13; Kol 3,11). Es handelt sich offenbar um überliefertes Material. Wir haben es wohl – auch der Bezug zur Taufe (V. 27) deutet darauf hin – mit einer Erklärung für Neugetaufte zu tun. Und diese scheint sogar, zumindest in der Rahmung (V. 26 und V. 28 Ende), dichterisch geprägt und von Paulus wortgetreu zitiert zu sein. Läßt man nämlich »durch den Glauben« in Vers 26 als typisch paulinische Ergänzung weg, dann bleiben zwei Sätze übrig, die einander, besonders im griechischen Wortlaut, ziemlich genau entsprechen.

Vers 26: »Ihr seid alle Söhne Gottes in Christus Jesus.«
Vers 28: »Ihr alle seid einer in Christus Jesus.«

»Söhne Gottes« und »einer« sind hier also austauschbar. Gottes Söhne sind wir, weil wir miteinander eine Lebenseinheit in und mit Christus bilden. Und einer, ein einziger sind wir, weil Gott uns als zu Christus Gehörige zu seinen Söhnen gemacht hat.

Nicht nur und nicht erst bei Paulus, sondern in der Urkirche als solcher, vor und neben ihm, begegnet also die Überzeugung, daß geschichtliche und schöpfungsmäßige Unterschiede »in Christus« bedeutungslos sind. Und die urkirchlichen Gemeinden haben als In-Christus-Gemeinschaften auch danach gehandelt. Von der Überwindung der Grenze zwischen Juden und Heiden zeugt der ganze Galaterbrief, Sklaven und Freie werden Brüder (vgl. das Schreiben an Philemon), und Frauen übernehmen wie Männer kirchliche Dienste (vgl. Röm 16,1.3 und, falls dort »Junia« zu lesen ist, 16,7; 1 Kor 1,11; 16,19). Das letztere hat die spätere Kirche wieder rückgängig gemacht. Und bis heute wird die Übernahme kirchlicher Ämter Frauen weitgehend nicht gestattet. Warum eigentlich?, muß man von Paulus aus fragen. Im übrigen hat jeder für sich die Tragweite von Gal 3,28 zu sehen. Denn die dort genannten Beispiele lassen sich vermehren: Ausländer und Einheimischer, Priester und Laie, arm und reich, jung und alt ... Im Leib Christi (vgl. 1 Kor 12,12 f.) wird nicht nach menschlichen

Maßstäben gemessen, gewertet und geschieden. Es gibt also einen Ort in der Welt, »wo es anders zugeht als sonst« (G. *Ebeling* 294).

Unmündige und Sklaven (4,1–3)

Wie Paulus die Rede von den »Erben« (3,29; vgl. 4,1.7) verstanden wissen will, erläutert er mit einem Vergleich (4,1.2) und seiner Anwendung (4,3–7). Das dabei gebrauchte Bild hält er allerdings nicht einheitlich durch. Aus dem Unmündigen, der »sich in nichts von einem Sklaven unterscheidet« (V. 1), werden unmündige Versklavte (V. 3). Die Situation der Galater, um die es Paulus geht (V. 8 f.), drängt sich gleichsam in das Bild und verändert es. So spricht Paulus auch (V. 3) im Blick auf die »Elemente« vom »Vormund« und »Verwalter« in der Mehrzahl sowie von einem Termin, den der Vater bestimmt hat. Dabei ist zwar an das Ende einer Vormundschaft gedacht – das damalige Recht kennt solche testamentarische Festsetzung –, aber auch schon an das Ende der Sklaverei, die 4,3 neben der Unmündigkeit genannt wird.

Auf der ersten Stufe des Vergleichs geht es dagegen nur um die Verfügungsgewalt über ein Vermögen, das ein Vater seinem unmündigen Kind hinterlassen hat. Dieses ist zwar der Eigentümer, hat aber nicht mehr Rechte als ein Sklave im Haus (V. 1). Die Geschäfte wickeln dafür bevollmächtigte Personen für ihn ab (V. 2). Mit diesem Zustand der Unmündigkeit vergleicht Paulus seine und der Galater Vergangenheit. Diese stellt sich sogar als Zeit des Sklavendaseins dar. Denn damals haben beide, der Jude ebenso wie der Heide, den »Elementarmächten dieser Welt« gedient (V. 3).

Die Elementarmächte sind schwer näher zu bestimmen. Sie kehren 4,9 wieder, auch dort im Zusammenhang mit dem früheren Sklavendasein. Die unmittelbare Nachbarschaft der Kalenderbegriffe in 4,10 deutet auf Gestirne hin; aber diese Bedeutung ist für die Zeit des Paulus nicht nachgewiesen. In der damaligen Philosophie bezeichnen die »Elemente« u. a. die Grundstoffe der Welt. Wahrscheinlich benutzt Paulus das Wort in dieser Bedeutung im übertragenen Sinn als Sammelbezeichnung für die letztlich geschöpflichen welthaften Mächte, denen sich die Menschen vor Christus unterworfen haben, sei es in der jüdischen Gesetzesfrömmigkeit (vgl. 3,19) oder im heidnischen Kult.

Söhne und Erben (4,4–7)

Mit einer bedeutungsvollen Einleitung kommt Paulus in Vers 4 zur zentralen Aussage von der inzwischen eingetretenen Wende, von der Befreiung aus dem Sklavendasein und der Aufnahme in das Sohnesverhältnis. Gott hatte der Zeit, d.h. der Geschichte, der Welt der Juden und Heiden, ihr Maß gesetzt (vgl. V. 2). Und als dieses erreicht war (vgl. Mk 1,15), gingen Welt und Zeit zu Ende; sie waren an ihrem Ziel (vgl. 1 Kor 10,11). Und nun kam etwas Neues (vgl. 2 Kor 5,17). Gott schuf eine vollkommen neue Situation, die die Existenzbedingungen des Menschen von Grund auf änderte. Wodurch? Durch die Sendung und den Einsatz seines Sohnes. Dieser kam als Mensch in die Welt, und zwar auf dem gleichen Weg wie jeder andere: durch Geburt (vgl. Mt 11,11). Noch mehr: Er begab sich auch in die Situation der Menschen, nämlich in die Knechtschaft des Gesetzes (V. 4). Beides aber tut er nicht, um aus dieser Tiefe erhöht zu werden, wie der Hymnus Phil 2,6–11 es sagt, sondern damit *wir* frei und Söhne Gottes werden (V. 5). Gott holt sich Sklaven als Söhne. Er kauft gleichsam den ganzen Sklavenmarkt zur Adoption auf und bezahlt dafür mit seinem eigenen Sohn, der nun selbst, an unserer Stelle, zum Sklaven wird.

Diese Stelle Vers 4f. gehört sicher zu den Höhepunkten des Briefes. Inhalt und Form des Gedankengangs sind zunächst mit 3,13f. vergleichbar, dann aber vor allem mit ähnlich gestalteten Aussagen von der Sendung des Sohnes in Röm 8,3f.; Joh 3,16f. und 1 Joh 4,9. Wahrscheinlich greift Paulus auch hier wieder auf geprägte Überlieferung zurück. Das lassen besonders die dichterisch geformten Angaben über den Sohn vermuten. Wörtlich übersetzt, lauten sie:

> »gekommen aus der Frau,
> gekommen *unter dem Gesetz,*
> damit er die *unter dem Gesetz* freikaufe,
> damit wir die Sohnschaft erlangten«.

Dabei verbindet die ersten und letzten Zeilen jeweils der gemeinsame Anfang. Andererseits sind die beiden Mittelzeilen durch den zentralen Begriff »unter dem Gesetz« verknüpft und die beiden äußeren durch die verwandten Begriffe der Geburt und der Sohnschaft. Gerade die Entsprechung der letzteren macht deutlich: Gottes Sohn wird einer von uns, und so werden wir zu Söhnen Gottes.

Die uns geschenkte Adoption hat nun aber nicht nur rechtliche Bedeutung, Gott füllt sie auch mit Leben. Er sorgt dafür, daß wir nicht nur Söhne heißen, sondern auch als seine Söhne denken und fühlen. Paulus gebraucht hier (V. 6) ein Bild, das noch gewagter und kühner ist als das vom Sklavenhandel: Um uns zu echten Söhnen zu machen, pflanzt er uns gleichsam das Herz seines Sohnes ein. Das ist letztlich mit dem »Geist seines Sohnes« gemeint, den Gott »aussendet«, d.h. einsetzt und preisgibt, wie den Sohn selbst (vgl. V. 6 mit V. 4). Nun, da wir gewissermaßen mit Sohnesgeist beseelt sind, sehen wir in Gott unseren Vater und reden ihn sogar mit dem familiären »Abba« an. So hat wahrscheinlich auch Jesus Gott angesprochen, wie der Anfang des Vaterunsers zeigt (vgl. auch Mk 14,36), und so lautet nun der Ruf der Gemeinde (vgl. Röm 8,15). Und wie Jesus in seinen Gleichnissen die Gottesherrschaft auf einfachste Weise verkündet hat, verdichtet sich die ganze paulinische Rechtfertigungslehre hier »zu dem Allerschlichtesten« (G. Ebeling 304). Das »Abba« in unserem Mund, »gleichsam ein Urlaut des Geistes« (G. Ebeling 304), bedeutet nichts Geringeres als unsere Einbeziehung in das Leben des dreifaltigen Gottes.

Mit Vers 7 zieht Paulus den Schluß (»daher«), indem er ganz knapp die entscheidenden Begriffe in der Einzahl zueinander in Beziehung bringt: nicht mehr (nie mehr!) Sklave – vielmehr Sohn – damit aber Erbe. Voran steht »du bist« und am Ende »durch Gott«. Der Urheber (nicht nur der Mittler) dieser Wende und des ganzen Geschehens ist Gott.

V. Die Freiheit des Christen (4,8 – 6,10)

1. Warnung vor Rückfall in die alte Knechtschaft (4,8–20)

Hinter die große Wende zurück? (4,8–11)

Paulus kommt mit »damals (V. 8) und »jetzt aber« (V. 9) nochmals auf den Gegensatz zwischen der Vergangenheit und der Gegenwart zu sprechen, was die Voraussetzungen des Gottesdienstes betrifft. Diese haben sich grundlegend geändert: Früher haben die Galater Gott nicht gekannt. Nun aber haben sie ihn erkannt, bzw. er hat sie erkannt. Die Initiative ist von ihm ausgegangen, er hat sich ihnen zugewandt (wie V. 4 f. ausgeführt ist). Paulus bedient sich zunächst der in der damaligen Missionssprache geläufigen Rede vom Erkennen Gottes (vgl. 1 Thess 4,5). Doch kaum hat er diesen Gedanken geäußert, drängt sich ihm der sachgemäßere von der gnadenhaften Erwählung durch Gott auf (vgl. Joh 15,16). Röm 8,29 f. spricht vom Vorauserkennen (vgl. Röm 11,2), Vorausbestimmen und Berufen Gottes. »Bei ihm sind seine Söhne erkannt«, heißt es in einer jüdischen Schrift (Oden Salomos 4,2). Ähnliches sagt auch Ps 139,16.

Mit der Beschreibung der neuen Situation verdeutlicht Paulus, wie unerhört, ja unmöglich das Verhalten der Galater eigentlich ist. Es ist verständlich, daß sie ohne die Kenntnis Gottes vermeintlichen Göttern, Scheingöttern, gedient haben; vom heidnischen Standpunkt aus, der nichts mit Atheismus zu tun hat, war es sogar positiv. Jetzt aber, als erwählte Söhne Gottes, müßten sie sich ein für allemal ihm zugewandt haben. Es ist unbegreiflich, »wie« sie dazu kommen, diese Bekehrung rückgängig zu machen, »sich wieder zu den schwachen und armen Elementen zu bekehren«. Wie ernst Paulus das Fehlverhalten der Galater nimmt, zeigt sich daran, daß er dafür den sonst (1 Thess 1,9) positiv gebrauchten Begriff der »Bekehrung« verwendet (vgl. 2 Petr 2,22). Es handelt sich um einen totalen Rückfall; denn sie sind dabei, die Adoption durch Gott zunichte zu machen, um »wieder wie früher« als Sklaven zu dienen (»wieder ... wieder von neuem« betont Paulus in V. 9). Wenn Paulus die Elemente schwach und arm nennt, dann mag er daran denken, daß sie im Gegensatz zu Gott (vgl. VV. 1–7) weder die Freiheit der Söhne noch den Reichtum der Erben zu schenken vermögen. Sie sind unvermögend in jeder Hinsicht, nichtig und »Nichtse«, wie die Propheten sagen würden (z.B. Jes 2,8.18.20; Jer 2,4; 10,15).

Sich ihnen zu unterwerfen, und das auch noch freiwillig, ist, schon ganz grundsätzlich gesehen, ein Unding. Aber darüber hinaus prangert Paulus dies ja in einer Weise an, die für seine jüdischen Gegner und deren Anhänger skandalös sein muß, geht der Streit doch, wie die vorausgehenden Kapitel und 4,1–5 gezeigt haben, um die Beobachtung des jüdischen Gesetzes. »Mit unerhörter Kühnheit« (A. *Oepke* 139) stellt Paulus die Rückkehr zur Gesetzlichkeit als Rückfall in den Götzendienst hin.

Paulus nennt auch noch ein Beispiel dieser Gesetzesfrömmigkeit, die wie religiöser Eifer aussieht, in Wirklichkeit jedoch Aberglaube ist: die genaue Einhaltung, das ängstliche Beobachten festgesetzter Zeiten (V. 10). Dabei geht es nicht so sehr um Sabbatvorschriften oder Fastenbräuche, sondern eher um die Zwänge einer Kalenderfrömmigkeit, wie sie uns in jüdischen Schriften der damaligen Zeit entgegentritt. Einschlägige Texte finden sich z.B. in den astronomischen Kapiteln der Henochapokalypse und in dem damit verwandten Jubiläenbuch:

> »Die Zeichen und Zeiten, die Jahre und Tage zeigte mir der Engel Uriel, den der ewige Herr der Herrlichkeit über alle Lichter des Himmels, am Himmel und in der Welt gesetzt hat ...
> Er zeigte mir alle ihre Gesetze für jeden Tag, für jede Herrschaftszeit, für jedes Jahr ...
> Die Lichter, Monate, Feste, Jahre und Tage hat mir gezeigt und enthüllt Uriel, dem der Herr der ganzen Weltschöpfung um meinetwillen Macht über das Heer des Himmels gegeben hat.«
> (Henochapokalypse 75,3; 79,2; 82,7)

> »Sie werden mein ganzes Gesetz, alle meine Gebote und mein ganzes Recht vergessen; sie werden Neumond, Sabbat, Feste, Jubiläen und die Ordnung auflösen ...
> Und alle Kinder Israels werden den Weg der Jahre vergessen und nicht finden und werden Neumond und Zeit und Sabbat vergessen ...«
> (Jubiläenbuch 1,14; 6,34)

Es kommt für den Zusammenhang unseres Briefes gar nicht darauf an, was die verschiedenen Zeitbegriffe im einzelnen bedeuten. Paulus zählt auf, was es da alles an Beobachtbarem gibt – und doch eigentlich überhaupt nicht mehr geben dürfte. Denn seit dem Christusgeschehen ist der Mensch grundsätzlich befreit und frei von solchen Verpflichtungen. Das ist etwas Neues gegenüber jeder Form antiker Religion und ein Einschnitt, ja im Sinne des Paulus das Ende der Religionsgeschichte überhaupt. Daß das für die Galater schwer zu begreifen ist, ist verständlich. Aber Paulus muß darauf bestehen. Andernfalls war seine ganze missionarische Mühe um sie, wie er Vers 11 sagt, umsonst. Damit erinnert er an die Befürchtung, die schon der zu den Völkern gesandte Gottesknecht des Jesajabuches ausgesprochen hat (Jes 49,4; vgl. Gal 2,2; 1 Kor 15,2.14.58; 2 Kor 6,1; Phil 2,16), wie er sich überhaupt als den missionarischen Gottesknecht zu verstehen scheint (vgl. Gal 1,15 f; Röm 10,16; 2 Kor 6,2).

Der Stoßseufzer des Paulus in Vers 11 muß den Christen aller Zeiten zu denken geben. Denn der um sein Heil besorgte Mensch ist grundsätzlich und immer in der Gefahr, in die hier kritisierte gesetzliche Frömmigkeit zurückzufallen. Solche Religiosität kreist um fromme Übungen und Beobachtungen. Diese lassen sich kontrollieren, ja sogar zählen und messen. Gutes Gelingen kann zum Selbstruhm, Versagen zu seelischem Druck und Angstgefühlen führen.

Es ist wohl nicht ganz aus der Luft gegriffen, wenn man der katholischen Frömmigkeit eine gewisse Anfälligkeit für die genannten Gefahren zuschreibt. Die Zeiten dürften zwar vorbei sein, in denen Außenstehende das unterscheidend Katholische im »Freitagsgebot« (mit der Vorschrift des Fleischverzichts) gesehen haben. Aber auch die Erfüllung der »Sonntagspflicht« kann zur Kalenderfrömmigkeit ausarten. Auch dieser Ausdruck ist verräterisch. Die Einhaltung von Freitagen, Sonntagen oder bestimmten Fasttagen wird zu sklavischem Gesetzesdienst, wenn dabei nicht die Solidarität mit dem Gekreuzigten und die gemeinschaftliche Feier seines Todes im Vordergrund steht, sondern die Erfüllung von Verpflichtungen.

Die »erste Liebe« (4,12–16)

Der Abschnitt 4,12–20 stellt eine Unterbrechung der theoretischen Überlegungen des Paulus dar. Der Apostel wirbt hier ganz persönlich um die Galater, und so trägt er keine theologischen, sondern sehr menschliche Argumente vor, und zwar mit so tiefer Anteilnahme, daß man auch hierauf M. *Luthers* Bemerkung zu Vers 11 anwenden kann: »Diesen Worten spürt man die Tränen des Paulus an« (*G. Ebeling* 307). Freilich ist der Gedankengang deshalb auch etwas sprunghaft und nicht immer leicht zu durchschauen.

Das gilt gleich von den Andeutungen im Vers 12. Sie beschwören jedenfalls die einstige ungetrübte Harmonie zwischen Paulus und den Galatern. Zur Nachahmung ruft er auch sonst auf (vgl. 1 Kor 4,16; 11,1; Phil 3,17). Er ist nicht nur der Missionar der Galater, sondern auch »ihr Heiliger« (*H. Schlier* 208). Als ihr Vorbild versteht er sich wahrscheinlich in der Freiheit vom Gesetz. Das legt der Zusammenhang des Briefes nahe. Auch die Fortsetzung von Vers 12 kann man so verstehen. Das »weil auch ich wie ihr« im Urtext bedeutet wohl, daß er geworden ist, wie sie gewesen sind, daß er unter ihnen gelebt hat wie ein Heide, ohne Gesetz (vgl. 1 Kor 9,21). Erst am Schluß des Satzes folgt ursprünglich die Anrede »Brüder, ich bitte euch«. Die Aufforderung wird also als Appell vorgetragen. In der brüderlichen Gemeinschaft der Kirche sollte das der Umgangston sein, auch von oben nach unten. Paulus selbst fühlt sich offenbar nicht persönlich gekränkt, auch nicht nach dem bei den Galatern dem Evangelium widerfahrenen »Unrecht«. Vielleicht möchte er dies am Ende von Vers 12 klarstellen.

Er weiß sich ihnen ja seit der ersten Begegnung engstens verbunden (V. 13 f.). Wie einen Engel haben sie ihn damals behandelt, und dies, obwohl er doch krank und schwach war. Vermutlich war er durch eine Krankheit zu einem längeren Aufenthalt gezwungen, und den nutzte er gleich zur Missionierung der Galater. Dabei war Krankheit alles andere als eine Empfehlung für Paulus und zeugte schon gar nicht von der Gunst der Gottheit. Sie forderte gewöhnlich Ekel und Verachtung heraus, mitunter auch das »Ausspucken« (so im Urtext) als Abwehr der Dämonen. Aber nichts davon ist Paulus widerfahren. Im Gegenteil, die Galater haben sich trotz dieser »Versuchung« sogar glücklich geschätzt, ihn in ihrer Mitte zu haben (V. 15).

Man denkt hier unwillkürlich an die Probleme und Hindernisse der heutigen Verkündigung des Evangeliums. Es drängt sich der Vergleich zwischen dem paulinischen und unserem Zeugnis auf. Begegnet die Kirche der Welt nicht auch in einem abstoßenden Zustand, mit ihrem kranken, reformbedürftigen und sogar vielfach gespaltenen Leib? Wie durchdringend muß die Evangeliumsverkündigung des Paulus gewesen sein, daß sie seine körperliche Unzulänglichkeit übertönte und vergessen ließ! Wie stark muß dann erst der Geist Gottes in der Verkündigung der Kirche und auch in unserem persönlichen Zeugnis wirken, wenn sogar Mittelmäßigkeit, Erbärmlichkeit und schuldhaftes Versagen, die das Evangelium bis zur Unkenntlichkeit verzerren, ausgeglichen werden sollen!

Die Galater wären sogar bereit gewesen, ihr Kostbarstes für Paulus hinzugeben. Das Bild vom Augapfel als dem Wertvollsten, das der Mensch besitzt, kann ganz allgemein die grenzenlose Opferbereitschaft andeuten. In Verbindung mit der Bedingung »wäre es möglich gewesen« könnte aber auch an einen bestimmten Zweck, also die Heilung eines Augenleidens, gedacht sein. An diesen einstigen Eifer für ihn erinnert Paulus seine Leser, um den Kontrast zu damals zu unterstreichen. Denn jetzt soll er plötzlich ihr Feind sein. Und dabei verkündet er doch nach wie vor nichts als die Wahrheit (V. 16; vgl. 2,5.14). Freilich wäre Paulus nicht der erste und einzige, dem das Sagen der Wahrheit Feinde schafft.

Neues Werben (4,17–20)

Was ihn den Galatern entfremdet hat, sagt Paulus in Vers 17. Es war die Zerstörung seines Evangeliums durch die (anscheinend bekannten, darum gar nicht erst namentlich genannten) judaistischen Eindringlinge. Im Eifer des Kampfes gegen Irrlehrer unterstellt er ihnen als Motiv (wahrscheinlich unberechtigt) persönliche Eifersucht: Sie werben letztlich nicht für das Gesetz, sondern für sich (vgl. 1 Thess 2,5 f.). Die Galater sollten sich davon nicht beeindrucken lassen und statt dessen für Paulus kämpfen, auch und gerade jetzt, da er selbst nicht bei ihnen ist (V. 18).

Nach diesem Wort »übermannt den Schreibenden die Bewegung« (A. Oepke 145). Wie in einem Seufzer, der den Gedankengang von Vers 18 zu Vers 20 unterbricht, läßt Paulus hier einfließen, wie innig und tief begründet sein Verhältnis zu den Galatern eigentlich – immer noch – ist: Mit dem Evangelium hat er ihnen das Leben geschenkt. Sie sind seine »Kinder«. Aber nun sieht es so aus, als müßte er von neuem die Geburtswehen der Evangeliumsbegründung für sie durchmachen. Solche Mutter- und Vaterschaft nimmt Paulus auch sonst als Apostel für sich in Anspruch (vgl. 1 Kor 4,14 f.; 2 Kor 6,13; 12,14; 1 Thess 2,7.11; Phlm 10). Auch in heidnischen Kulten der damaligen Zeit gibt es »geistliche Verwandtschaft«: Der Neueintretende sieht in dem, der ihn einführt, seinen Vater. Im Alten Testament wird der Prophet Elija von seinem Schüler Elischa mit »Mein Vater, mein Vater!« angerufen.

Vom Bild der Mutter geht Paulus über zur Vorstellung vom Leib Christi, der bei den Galatern Gestalt annehmen soll. In der Entstehung der Gemeinde auf Grund der Evangeliumsverkündigung wird Christus auf neue Weise geboren. Der Leib Christi nimmt in der Gemeinde der zu Christus Gehörenden geschichtliche Gestalt an (vgl. 3,28). Und umgekehrt gilt: Der Abfall vom Evangelium, das Abweichen von der »Wahrheit des Evangeliums« mit allen ihren Konsequenzen (vgl. 2,14) zerstört den Leib Christi. Sind wir uns dessen im alltäglichen Gemeindeleben, in unserem Verhalten als Gemeinde-Glieder immer bewußt?
Sehr eindringlich formuliert Paulus schließlich auch seinen Wunsch, persönlich mit den Galatern sprechen zu können. Nicht eindeutig ist dabei, inwiefern er seine Redeweise, wörtlich: seine Stimme oder Sprache, ändern möchte. Meint er die mündliche statt der schriftlichen Rede? Will er dann strenger oder noch herzlicher, will er noch eindringlicher und gar »in Engelszungen« (vgl. 1 Kor 13,1) reden? Vermutlich, nach der Schlußbemerkung zu urteilen, ist sich da Paulus aus der Entfernung selbst nicht so sicher. Oder wünscht er sich, er könnte zu den Galatern kommen, und alle Vorwürfe gegen sie würden sich als unbegründet erweisen? Jedenfalls würde erst die Situation der persönlichen Anwesenheit den Ton seiner Rede bestimmen.

2. Das Zeugnis der Schrift (4,21–31)

Paulus hat gerade einen leidenschaftlichen Appell zu Ende geführt, da holt er nochmals zu einem Schriftbeweis aus. Der unvermittelte Neuanfang hängt wahrscheinlich damit zusammen, daß er den Brief nicht in einem Zug diktiert hat.

Die beiden Söhne Abrahams (4,21–23)

Paulus möchte die Galater von ihren eigenen Voraussetzungen aus überzeugen, sie sollen sich sogar selbst überführen. Dasselbe Gesetz, dem sie sich unterstellen wollen, spricht nämlich gegen sie. Ganz deutlich sind hier mit »Gesetz« nicht nur die Gebote, sondern die Bücher des Mose als ganze gemeint (V. 21). Es sind Angaben der »Schrift«, auf die Paulus nun, wie schon 3,10, hinweist. Und wie in dem ganzen Abschnitt 3,6–25 (vgl. 3,29) geht es wieder um den Gegensatz Gesetz – Verheißung, Gefangenschaft – Freiheit. Er bestimmt nach Paulus schon die Abrahamsgeschichte und ist verkörpert in dem Sohn der Sklavin Hagar und dem der freien Sara (V. 22).

Wichtiger als der unterschiedliche Stand der beiden Mütter ist der gegensätzliche Ursprung ihrer Söhne (V. 23). Der eine ist auf eine Weise entstanden, die der Welt, dem Menschen entspricht, »im Rahmen des Natürlichen« (*H. Schlier* 217). Er ist nach dem Gesetz des »Fleisches« gezeugt worden, sagt Paulus wörtlich. Der andere dagegen, der Sohn einer 90jährigen (Gen 17,17), verdankt seinen Ursprung nicht natürlichen Bedingungen, nicht menschlicher Kraft und Leistung, sondern dem Wort des Schöpfergottes, auf den Abraham sich verlassen hat (vgl. Röm 4,17). So sind die beiden Söhne von der Art ihres Ursprungs her grundverschieden.

Ein Gleichnis für die beiden Testamente (4,24–27)

Der Bericht der Schrift darüber ist nach Paulus nun nicht nur als Zusammenstellung geschichtlicher Tatsachen zu verstehen, sondern »anders gemeint«, wie er wörtlich sagt. Er beschreibt in Wirklichkeit, im Gewand der genannten Personen, zwei wesentlich verschiedene, von Gott verfügte Ordnungen und damit zwei gegensätzliche Situationen des Menschen, das Alte und das Neue »Testament« (vgl. 2 Kor 3,6.14). Diese beiden Wirklichkeiten werden von den genannten Frauen dargestellt (V. 24).

Hagar ist Sklavin, und die Kinder einer Sklavin sind von Anfang an Leibeigene wie die Mutter. Ein solches Kind ist Hagars Sohn Ismael. Sie kann darum ein in die Knechtschaft gebärendes Testament verkörpern. Aber daß es jenes vom Berg Sinai sein soll, ist eine Zumutung für Juden, auch für die judenchristlichen Gegner des Paulus. Derselbe Bundesschluß, der die Befreiung aus Ägypten vollendet hat, soll in die Sklaverei führen? Dasselbe Testament, das die Treue des befreienden Gottes und des befreiten Gottesvolkes vertraglich festgelegt hat? Der Sinai ist der Berg der Freiheit, des Bundes und der Zukunft!

Die Ausführungen des Paulus lassen sich nur verstehen, wenn man sich daran erinnert, daß er das (vom Sinai kommende) Gesetz die Ursache des Fluches (3,13), das Gefängnis (3,23), den züchtigenden Erzieher (3,24) und eine versklavende Macht nennt (4,3.5). Diese negativen Erkenntnisse des Paulus sind so schwerwiegend, daß der Hinweis auf die (im einzelnen unklare) Zusammengehörigkeit von Hagar und Sinai eigentlich nicht nötig ist. Das gilt erst recht, wenn man bedenkt, daß Paulus von einem neuen Standpunkt außerhalb des Alten Testamentes spricht. Er würde nicht so über den Sinai reden, er würde das Gesetz mit keiner einzigen Silbe kritisieren, wäre ihm nicht in der Begegnung mit dem Gekreuzigten eine völlig neue Wirklichkeit, eben das neue »Testament«, offenbart worden (vgl. 1,13–16; Phil 3,4–9).

Im Licht dieser positiven Erkenntnis kann neben dem Sinai sogar Jerusalem als Ort der Knechtschaft der Sklavin Hagar entsprechen (V. 25). Anders ausgedrückt: Was beide »Mütter« samt ihren Kindern gemeinsam haben, ist das Sklavendasein. Wieder unbegreiflich für den Juden, der Jerusalem mit dem Zion und dem Tempel als Heilige Stadt, als Ort der Gegenwart Gottes verehrt, als Ort jenes Gottes, der Israel einst in die Freiheit geführt hat. Wie überschwenglich wird in Ps 87 der Zion gefeiert! Wie anhänglich spricht der Beter in Ps 122 von Jerusalem! Und welche Sehnsucht nach dieser Stadt erfüllt den von der Not des Exils singenden Ps 137! Hat Paulus das alles vergessen? Doch wohl nicht. Sein im Zusammenhang völlig abwertendes und negatives

Urteil hat einen anderen Grund: die Erfahrung eines neuen, das alte sogar weit überbietenden Jerusalem.

Davon spricht Paulus in Vers 26, indem er, so wörtlich, dem »jetzigen« »das obere Jerusalem« gegenüberstellt. Dieser Gedanke ist schon vorbereitet durch die prophetischen Verheißungen von einem endzeitlichen Neubau der Zionsstadt, z.B. Jes 54,11–13; Ez 40 – 48. Die Vorstellung eines vom Himmel kommenden Jerusalem, das das alte ersetzt und vollendet, begegnet dann in der späteren jüdischen Überlieferung:

> »Denn siehe, es kommt die Zeit, wenn die Zeichen, die ich dir vorausgesagt habe, eintreffen. Dann wird die unsichtbare Stadt erscheinen und das verborgene Land sich zeigen.«
> (4. Buch Esra 7,26)

> »Ich schaute, bis der Herr der Schafe ein neues Haus brachte, größer und höher als jenes erste, und er stellte es an den Ort des ersten, das entfernt worden war.«
> (Henochapokalypse 90,29)

Als ausgesprochener Gegensatz des alten erscheint das neue, vom Himmel kommende Jerusalem in Offb 3,12 und 21,2 sowie (mit der gewaltigen Schilderung dieser Stadt) in 21,9 – 22,5. Auch zu diesem Gegensatz gibt es vergleichbare jüdische Texte:

> »Nicht ist es dieser Bau, der nun in eurer Mitte auferbaut. Es ist bei mir, was offenbar werden wird, was hier schon seit der Zeit bereitet ward, in der das Paradies zu schaffen ich beschlossen hatte.
> Und ich habe es Adam gezeigt, bevor er sündigte; als er aber das Gebot übertreten hatte, wurde es ihm weggenommen, genauso wie das Paradies.
> Und danach zeigte ich es meinem Knechte Abraham, in der Nacht, zwischen den Opferhälften.
> Und weiter zeigte ich es Mose auf dem Berge Sinai ...«
> (syrische Baruchapokalypse 4,3–6)

> »Nicht ist wie das Jerusalem dieser Welt das Jerusalem der zukünftigen Welt: zu dem Jerusalem dieser Welt zieht jeder hinauf, der hinaufziehen will; zu dem der zukünftigen Welt ziehen nur die dazu Eingeladenen hinauf.«
> (Talmudtraktat Baba Bathra 75 b)

Paulus macht nur zwei gewichtige Aussagen zu diesem Jerusalem: Es ist »frei« und »unsere Mutter«. Es ist also der strikte Gegensatz zum jetzigen Jerusalem und nicht dessen Vollendung. Es gehört einer anderen Ordnung an und wird nicht von Gesetz, Sünde und Tod beherrscht. Trotzdem ist die »Mutter« der Christen schon gegenwärtig, schon erfahrbar in dieser Welt. Als himmlische Größe darf sie allerdings nicht mit der irdischen Kirche verwechselt werden. Die neue Welt begegnet nicht als Kirche, sondern in der Kirche. Diese hat jene anzukündigen und zu vermitteln.

Das neue, obere Jerusalem entspricht dem Reich Gottes in der Verkündigung Jesu, das auch nicht gleichbedeutend ist mit der Kirche. Diese ist vielmehr die Gemeinschaft derer, die auf das Gottesreich warten, freilich nicht ohne ein Unterpfand ihrer Hoffnung. Denn das Reich, die Gegenwart und die Herrschaft Gottes, ist schon erfahrbar in seinem Geist, in der »Anzahlung des Geistes«, wie Paulus 2 Kor 1,22 und 5,5 formuliert. Die Kirche ist der Ort, an dem die neue Welt in die alte gleichsam schon hineinragt.

Auf das neue Jerusalem bezieht Paulus nun das Zitat von Jes 54,1, weil es auf Sara paßt (V. 27). Wie damals hat Gott auch jetzt in seiner Schöpfermacht gehandelt. Daraus ergibt sich: Die dem Isaak entsprechenden Kinder, also Kinder der Freien und selbst frei, sind die Christen.

Die Anwendung auf die galatischen Christen (4,28–31)

Ohne ausdrücklich eine Schlußfolgerung zu ziehen, stellt Paulus nun in direkter Anrede der galatischen »Brüder« einfach fest, was sich aus dem Vorhergehenden für sie ergibt (V. 28). Doch nicht genug damit. Der Vergleich zwischen den beiden Söhnen »damals« und den unterschiedlichen Kindern heute läßt sich noch fortsetzen. Denn »wie damals« der eine den anderen verfolgte, »so auch jetzt«. Paulus setzt dabei Gen 21 samt der rabbinischen Auslegung als bekannt voraus. Diese versteht das Spielen, das »Umhertollen« des Ismael in Vers 9 so, als habe er seinen Mutwillen mit Isaak getrieben und Pfeile auf ihn geschossen, und erzählt folgendermaßen:

»Ismael sprach zu Isaak: Wir wollen gehen und unsere Anteile auf dem Felde besichtigen. Und Ismael nahm Bogen und Pfeile und schoß in der Richtung auf Isaak und stellte sich, als ob er scherzte.« (Gen-Midrasch Rabba 53)

Nur die entscheidende Folgerung in Gen 21,10 zitiert Paulus ausdrücklich (V. 30), um sie sofort auf sich und, wiederum ohne Einschränkung (wie V. 28), auch auf die Galater zu beziehen (V. 31).

Die Genesis-Erzählung setzt folgende Rechtslage voraus: Wenn die Ehefrau kinderlos war, galten die Kinder einer Sklavin als legitime Kinder des Ehepaares. Sollte die Ehefrau später doch noch eigene Kinder bekommen, konnte der Vater die Kinder der Sklavin fortschikken. Er mußte ihnen allerdings Geschenke mitgeben und dann die Sklavin freilassen.

In dem Schriftwort spiegelt sich die jetzige Situation des Paulus. Wie er früher im Eifer für das Gesetz die Christen verfolgt hat, so bekämpfen jetzt andere Eiferer (zu ihrem eigenen Unheil) ihn und seine Anhänger. Daraus ergibt sich: Paulus und die Seinen sind die Freien. Denn nach Gen 21 sind die Verfolger die Sklaven (die das Haus verlassen müssen), die Verfolgten dagegen die Freien (wie auch das gleichlautende Ende von Vers 30 und 31 unterstreicht).

3. Freiheit oder Knechtschaft (5,1–12)

Bleibt frei! (5,1)

Das Stichwort »Freiheit« ist vorher nur in 2,4 begegnet und geht hier, schon lange vorbereitet, »wie ein strahlender Stern« auf (G. *Ebeling* 315). Paulus knüpft damit unmittelbar an das Vorhergehende an. Der erste kurze Satz scheint zunächst eine unnötige Doppelung zu enthalten. Aber es ist offenbar notwendig, den Galatern gegenüber nachdrücklich zu betonen: Christus hat uns befreit, damit wir nun auch wirklich und für immer frei sind; er hat uns freigekauft und nun in die Freiheit entlassen. Die Fortsetzung in Vers 1 bestätigt diese Deutung: Die Galater sind tatsächlich in der Gefahr, sich wieder versklaven zu lassen (vgl. 2,4; 4,9), indem sie wieder »Spanndienste« für das Gesetz leisten.

Freiheit

Bei den Verhandlungen in Jerusalem (Gal 2,1–10) stand nach Paulus mit dem Evangelium die Freiheit auf dem Spiel (2,4 f.). Bedroht war das Evangelium aber vor allem durch die Forderung nach der Beschneidung (2,3). Was Paulus also unnachgiebig verteidigte, war die Freiheit vom Gesetz. Sie ist zur Zeit der Abfassung des Briefes auch bei den Galatern bedroht. Das ganze Schreiben kreist um dieses Anliegen. Das Wort »Freiheit« begegnet außer 2,4 zwar nur noch 5,1 und 5,13. Aber die Sache bzw. ihr Gegenteil ist ständig gegenwärtig.

Dabei geht es Paulus darum, den Galatern die Freiheit als »Befreitheit« bewußt zu machen. Ihre Kostbarkeit liegt darin, daß sie nicht selbstverständliche Voraussetzung des menschlichen Lebens in der Geschichte ist, sondern ein außergewöhnliches Geschenk. Frei sind die Menschen nur als Befreite. Und der Befreier ist Christus. Er hat sie eines Tages, »als die Zeit erfüllt war« (4,4), »freigekauft«, nämlich von der Herrschaft des Gesetzes und der Elementarmächte, der Juden und Heiden unterworfen waren (4,3–5.9). Er hat mit seiner Ankunft in der Welt das Gewahrsam des Gesetzes geöffnet (3,23) und das Gesetz als züchtigenden Pädagogen abgelöst (3,24). Indem er die Menschen dem Bann des Gesetzes entzog, wurden sie »vom Fluch des Gesetzes freigekauft« (3,13) und so zu Kindern Abrahams und seiner Verheißung (3,14.29), zu »Kindern der Freien und nicht der Sklavin« (4,28.31). Es geht also um die Freiheit, »die wir in Christus Jesus haben« (2,4) und sonst nirgends. Er und nur er ist das Ende des Gesetzes (vgl. Röm 10,4).

Das neue Sein in Christus und seiner Freiheit führt nun auch zu einer neuen Lebensform, zu einem Leben nach den Regeln und Maßstäben Christi, mit einem Wort: nach dem »Gesetz Christi« (6,2). Das ist auf den ersten Blick ein Widerspruch. Aber dieses neue Gesetz läßt den Menschen von sich selbst völlig absehen und sich ganz in den Dienst der Mitmenschen stellen. Den neuen, den befreiten Menschen bestimmt nicht mehr das Streben des »Fleisches«, sei es nach dem selbstgebauten Lebensglück oder nach der eigenen Gerechtigkeit, sondern die Kraft des Geistes (5,13.16–18). Nach dem »Gesetz des Geistes und des Lebens« (Röm 8,2) vertraut sich der Mensch – glaubend – Christus an, und er ist offen für die anderen. So wird das Befreitsein durch Christus auch zu dem, was in anderen Paulusbriefen im Vordergund steht: Freiheit von der Sünde (vgl. Röm 6,6.12–14) und Freiheit vom Tod (vgl. Röm 8,38f.; 1 Kor 3,21f.; aber auch Gal 2,20).

Entweder Christus oder das Gesetz! (5,2–6)

Ausdruck der Unterwerfung unter das Gesetz ist die Beschneidung. Paulus spricht hier sehr eindringlich, persönlich (vgl. 2 Kor 10,1) und aus eigener Erfahrung (V. 2 f.). Er weiß, wovon er spricht, war er doch selbst einmal an das Gesetz gebunden, um dann aber mit dem Glauben an Christus einen klaren Schlußstrich zu ziehen. Er kann nun in der Rückschau geradezu »bezeugen« (wie er wörtlich sagt), was die Beschneidung bedeutet: Sie hat Konsequenzen, sie nimmt in die Pflicht und verpflichtet auf das Ganze; wer A sagt, muß auch B sagen (vgl. 3,10). Und die Kehrseite davon: Christus spielt dann keine Rolle mehr (VV. 2.4). Die Galater haben es in der Hand, ob sein Leben und Sterben für sie umsonst gewesen ist. Sie müssen sich entscheiden: entweder das Gesetz oder die Gnade Christi (vgl. 1,6). Man kann nicht zwei Wege gleichzeitig gehen. Man ist entweder »im Gesetz« (so wörtlich V. 4) oder in der Gnade (vgl. Röm 5,2).

Die Folgerung ist klar, und Paulus hat sich längst entschieden (V. 5). Er erwartet und erhofft die Rechtfertigung – beides zieht er zu einer Aussage zusammen. Das besagt zunächst, daß die Rechtfertigung erst in der Zukunft, nämlich im Freispruch des Gerichts, endgültig ist, vor allem aber, daß er sie nicht selbst zu bewirken versucht. Sie ist vielmehr, wie zusätzlich betont wird, dem Geist und dem Glauben zu verdanken. Das Gegenteil wären das Gesetz, die Werke und das »Fleisch« (vgl. 3,2–5); es wäre der Versuch mit den eigenen Möglichkeiten (vgl. Phil 3,9). Aber alle Bemühung in dieser Richtung, selbst die Beschneidung, zählt überhaupt nicht

(V. 6). In Christus ist jeder »fleischliche« Befund belanglos (vgl. 6,15; 1 Kor 7,19).

Gewicht hat allein der Glaube. Freilich ist damit die Liebe nicht vergessen, als gäbe es kein Liebesgebot (vgl. 1 Kor 7,19). Aber die Liebe ist kein Werk im Sinne einer gesetzlichen Forderung. Sie wird nicht »getan«, sondern sie ergibt sich, sie ist schon Antwort und Echo auf etwas anderes (vgl. 5,22). Und dieses andere ist die Tat Gottes, die bedingungslose Annahme und Rechtfertigung durch ihn, wie sie der Glaubende an sich geschehen läßt. Solche Erfahrung wirkt sich aus in dankbarer Liebe zu Gott und den Mitmenschen und führt so auch zu Werken (vgl. Lk 7,41f.; Mt 18,23–35). Das ist die Wurzel der christlichen Ethik.

Laßt euch nicht verwirren! (5,7–12)

All das Gesagte haben die Galater einmal begriffen. Und plötzlich sind sie sich nicht mehr sicher. Sie »trauen« (so wörtlich V. 7) der Sache nicht mehr und haben Hemmungen, auf dem Weg der Glaubensfreiheit entschlossen weiterzugehen (vgl. 2,14). Wer steckt dahinter? Das ist mehr Klage als Frage (vgl. 3,1). Es handelt sich nämlich nicht um die Stimme Gottes; denn er überredet nicht, er ruft (V. 8). Den verderblichen Einfluß, der die galatischen Gemeinden bedroht, vergleicht Paulus mit dem Sauerteig. Dieser wird hier (und 1 Kor 5,6f.), wie auch sonst manchmal im griechisch-römischen Schrifttum, aber im Gegensatz zu Mt 13,33; 16,6, als fäulniserregende Kraft betrachtet. Das »wenig« läßt sich auf eine geringe Anzahl von Unruhestiftern oder auf die Beschneidung als ihre einzige, aber alles zerstörende Forderung (vgl. V. 2f.) beziehen.

Trotz dieser Gefahr ist Paulus zuversichtlich, nämlich im Vertrauen auf den Herrn (vgl. Röm 14,14; Phil 2,24), der die Macht hat, den drohenden »Sinneswandel« (so wörtlich V. 10) zu verhindern. Freilich herrscht im Augenblick noch Verwirrung (vgl. 1,7). Und wehe dem, der dafür verantwortlich ist! Vielleicht trifft dieses Wehe eine angesehene Persönlichkeit; aber das ist vor Gott und seinem Gericht ganz gleichgültig (vgl. 2,6). Die Unruhestifter gehen sogar so weit – und das macht die Unsicherheit besonders groß –, dem Paulus die Predigt der Beschneidung zu unterstellen

(V. 11). Aber wenn er noch, wie früher (vgl. 1,14f.), für die Beschneidung kämpfen würde, dann bräuchten doch nicht jüdisch gesinnte Eiferer gegen ihn zu kämpfen. Im übrigen würde die Beschneidungspredigt ja der Kreuzespredigt die Spitze nehmen. Der Gekreuzigte bekäme Konkurrenz im Gesetz. Der Mensch könnte wieder, wie es ihm ja am liebsten ist, selbst für seine Rechtfertigung sorgen. Den Apostel erregt die Unterstellung mit ihren Folgerungen so sehr, daß er diesen »Aufwieglern« (so wörtlich V. 12), diesen verleumderischen Verfechtern der Beschneidung wütend »empfiehlt«, sich nicht nur beschneiden, sondern gleich entmannen zu lassen; das müsse dann ja wohl noch verdienstlicher sein. In Wirklichkeit bedeutete die Selbstentmannung die Beseitigung des Bundeszeichens und damit den Ausschluß aus Israel.

4. Die Liebe als Frucht des Geistes (5,13–26)

Hat Paulus zuletzt seinem Zorn freien Lauf gelassen, so beginnt er nun in ruhiger Überlegung einen neuen Gedankengang. Viele Ausleger lassen – mit Recht – hier einen neuen Briefteil beginnen: den Abschnitt der apostolischen Mahnung, der auch in anderen Briefen begegnet (vgl. Röm 12,1 – 15,13; 1 Thess 4,1 – 5,22). Denn von 5,13 ab prägen den Brief nicht mehr die Überlegungen um Gesetz und Christus, um Werke und Glaube, sondern Aufrufe und Weisungen.

Freiheit und dienende Liebe (5,13–15)

Den Ausgangspunkt der Mahnung bildet die Tatsache, daß die Galater, die er auch hier in solchem Zusammenhang seine »Brüder« nennt (vgl. 4,12.28.31), in die Freiheit gerufen worden sind (vgl. 5,1). Mit dieser Freiheit sollen sie nun auch richtig umgehen. Paulus wendet sich sofort gegen Mißverständnis und Mißbrauch der Freiheit. Freiheit vom Gesetz bedeutet nicht Freiheit zur Sünde. Die von ihrer Ichbezogenheit und Selbstsucht Befreiten würden ja wieder dahin, paulinisch: zu ihrem »Fleisch«, zurückkehren. Statt dessen sollen sie ja gerade den anderen dienen. Als Freie sollen sie Sklaven sein und so unter ganz neuen Bedingungen das Gesetz erfüllen (V. 14). Denn dieses läßt sich mit dem Liebesgebot von Lev 19,18 zusammenfassen.

Solche Zuspitzungen des Gesetzes auf eine Art Kurzformel sind offenbar bei den jüdischen Schriftgelehrten diskutiert worden. Das hat sich auch in Mk 12,28–33 (samt den entsprechenden Texten Mt 22,34–40 und Lk 10,25–28) niedergeschlagen, ebenso in einer schönen rabbinischen Erzählung von einem Proselyten (= einem »dazugekommenen« Neujuden) im Talmud:

> »Ein andermal kam ein Heide vor Schammai und sprach zu ihm: Mache mich zu einem Proselyten unter der Bedingung, daß du mich das ganze Gesetz lehrst, während ich auf *einem* Fuß stehe. Er jagte ihn mit einem Meßstock fort, den er in seiner Hand hatte. Darauf trat jener vor Hillel. Und der nahm ihn als Proselyten an. Hillel sprach zu ihm: ›Was dir unliebsam ist, das tu auch einem anderen nicht. Dies ist das ganze Gesetz, das andere ist seine Auslegung. Gehe hin und lerne das!‹«
> (Traktat Schabbath 31a)

Der Spruch des Hillel beinhaltet die Goldene Regel. Diese begegnet, ins Positive gewendet, auch Mt 7,12 und Lk 6,31: »Was ihr von anderen erwartet...« Paulus behandelt die Frage nach der Summe des Gesetzes sonst noch Röm 13,8–10. Zweimal nennt er dort die Liebe die Erfüllung des Gesetzes.

Dieses Gesetz ist freilich nicht dasselbe wie jene zur Eigengerechtigkeit und damit zur Ursünde verführende Macht, sondern der reine Wille Gottes, der von denen, die er bedingungslos angenommen hat, nichts anderes als Dank und selbstlose Liebe erwartet.

An das Liebesgebot zu erinnern, hat Paulus offenbar allen Anlaß. Denn nach den von ihm in Vers 15 gebrauchten Ausdrükken zu urteilen, geht es bei den Galatern zu wie bei wilden Tieren. Er deutet allerdings nicht an, worum es sich bei den schlimmen Vorkommnissen im einzelnen handelt. In Frage kommen Parteikämpfe, veranlaßt durch das Auftreten der Paulusgegner. Da Paulus aber keinerlei belehrendes, auf den Streitpunkt bezogenes Argument mehr nennt, sind es vielleicht nur persönliche Streitigkeiten.

Der Gegensatz Geist – Fleisch im Menschen (5,16–18)

Auf diesem dunklen Hintergrund, der geradezu zum Lehrbeispiel und in Vers 26 wieder aufgegriffen wird, stellt Paulus im folgenden das Leben im Geist dem fleischlichen Leben gegenüber (VV. 16–25). Er fordert, so Vers 16 wörtlich, einen »Wandel im Geist«, d.h. im Sinne des Geistes und bestimmt vom Geist. Nur ein solcher ist nach der Befreiung aus der versklavenden Selbstsucht noch angemessen, ja er ist mit dieser Freiheit vom »Fleische« gleichbedeutend. Und er zeigt sich in der Liebe.

Wie Personen stehen sich Fleisch und Geist feindlich gegenüber (V. 17). Der Kampf zwischen den beiden wesensverschiedenen Mächten spielt sich im Menschen ab. Die Entscheidungen fallen im »Tun« des Menschen und sind für den Menschen selbst entscheidend; denn um ihn wird gekämpft. Will der Mensch, der von sich aus nur Fleisch ist, nicht unter die Herrschaft des Fleisches fallen, muß er sich dem Geist anvertrauen. Andernfalls findet er sich – was mit der Versklavung durch das Fleisch gleichbedeutend ist – wieder unter dem Gesetz (V. 18).

Welche Folgen die eine oder andere Entscheidung hat, führt Paulus mit Hilfe ganzer Kataloge vor (VV. 19–21 und 22f.). Eine Aneinanderreihung von Lastern begegnet bei Paulus öfter (vgl. Röm 1,19–31; 1 Kor 5,10f.; 6,9f.; 2 Kor 12,20f.). Eine gegenteilige Reihe bietet er 1 Kor 13,4–6. Er hält sich dabei an das Beispiel der jüdischen Unterweisung, die ebenfalls mit solchen schwarzweiß-geprägten Mahnungen arbeitet. Gal 5,19–23 zeichnet sich gerade dadurch aus, daß die gegensätzlichen Aufzählungen unmittelbar nebeneinander stehen.

Die »Werke« des Fleisches (5,19–21)

Als erstes zählt Paulus Zeichen für die Herrschaft des Fleisches in einem Menschen auf. Sie sind leicht feststellbar und sprechen für sich, wie es Vers 19 sinngemäß heißt. Vom Stichwort »Fleisch« aus naheliegend, eröffnen mehrere Bezeichnungen sexueller Laster die Reihe. Bei der »Unzucht« ist dieser Sinn von vornherein eindeutig; für »Unsittlichkeit« (wörtlich »Unreinheit«) und »ausschweifendes Leben« (wörtlich »Zügellosigkeit«) machen die entsprechenden Zusammenhänge in Röm 1,24; 13,13; 2 Kor 12,21 diesen Sinn sicher.

Aber auch die anderen Fehlhaltungen und Vergehen sind »fleischliche« Werke im Sinn des Paulus. Sie stehen samt und sonders für Versuche des Menschen, sein Begehren zu befriedigen, das eigene Ich, auch auf Kosten anderer, durchzusetzen und sich selbst Genuß und Glück zu verschaffen. Der Mensch versucht, auch wenn es noch so töricht ist, mit seinen schwachen Mitteln und kurzlebigen Kräften, ja sogar um den Preis schwerer Schuld, sich zum Schöpfer und Herrn seines Lebens, eines völlig eigennützigen und eigensüchtigen Lebens, zu machen.

Die insgesamt 15teilige Reihe solcher Werke ist kaum gegliedert. Trotzdem läßt sich eine gewisse Gruppierung erkennen. Auf die schon genannten sexuellen Laster folgen zwei, die den Gottesdienst in sein Gegenteil verkehren, und dann in loser Folge acht, die das Gemeinschaftsleben zerstören. Den Abschluß bilden zwei Bezeichnungen der Genußsucht.

Die Aufzählung ist nicht vollständig. Der Abschluß mit »und ähnliches mehr« (V. 21) zeigt, daß es eine Reihe von Beispielen ist, die sich fortsetzen läßt, etwa mit der Habsucht (vgl. Röm 1,29; 1 Kor 5,10; 6,10). Die Drohung am Ende (V. 21) entspricht einer Übung der jüdischen und christlichen Unterweisung (vgl. zum Wortlaut bei Paulus 1 Kor 6,9f.). Der Ausschluß vom »Reich Gottes« erfolgt beim Gericht am Tag der Ankunft Christi.

Die »Frucht« des Geistes (5,22–26)

Zeichen des Geistes und seiner Herrschaft sind nun nicht gute, sondern überhaupt keine »Werke«, d.h. keine Leistungen. Seine Wirksamkeit führt nicht zu eigenmächtiger Bemühung oder Betriebsamkeit, sondern bringt »Frucht« hervor (V. 22). Die Einzahl steht vielleicht deswegen, weil die genannten Dinge so eng zusammengehören, daß eine Unterscheidung nicht viel bedeutet. Es sind Spielarten dessen, was in Vers 13 »gegenseitiger Dienst in Liebe« heißt. Die Selbstsucht des Menschen, sein »fleischliches« Streben (V. 16), ist jeweils aufgehoben, so daß er frei ist für die anderen.

Paulus nennt hier also nicht Wunderkräfte, Prophetie oder Sprachengabe als Gaben des Geistes wie z.B. 1 Kor 12,10, sondern eher unauffällige, schlichte Verhaltensweisen. Aber sind diese wirklich so harmlos, wie sie auf den ersten Blick erscheinen? Bei näherem Zusehen erweisen sie sich als Auswirkung einer geradezu übermenschlichen Kraft, die jedenfalls die menschlichen, die »fleischlichen« Maßstäbe des Handelns übersteigt.

Wie ein vom Geist Erfaßter in Ekstase, also innerlich ent-rückt ist (vgl. 1 Sam 10,9–12) oder zumindest den Rahmen des Üblichen sprengt (vgl. Apg 2,4–13), so ist auch ein bis ins Letzte Langmütiger, Treuer oder Sanftmütiger, menschlich gesprochen, ver-rückt und nicht normal. Da wird z.B. einer ungerecht behandelt. Er könnte sich verteidigen; aber er schweigt und verzeiht sogar dem Schuldigen. »Normalerweise« würde er sagen: »Bin ich denn verrückt? Ich brauche mir das doch nicht gefallen zu lassen!« Aber er verhält sich nicht »normal«, er ist so »verrückt«. Oder wenn einer selbstlos gut ist zu einem anderen, wenn einer einen Armen unterstützt, ohne die Erwartung, jemals etwas dafür zu bekommen. Ist der normal? Und die Liebe, die sich bedingungslos verschenkt, ist sie nicht eine Torheit in den Augen einer berechnenden Welt?

Was das Wort des Paulus beinhaltet und bedeutet, geht uns noch besser auf, wenn wir es umkehren, und es läßt sich umkehren (vielleicht ist es sogar so gemeint, entsprechend VV. 19–21): Überall, wo Liebe ... ist, da begegnen wir dem Wirken des Geistes. Das Leben eines Menschen in Liebe ... ist Zeichen und Frucht des Gottesgeistes in der Welt. So wie eine Oase in der Wüste Zeichen und Frucht des lebenspendenden Wassers ist. Freilich ist der Geist, wenn wir nur die Augen aufmachen, viel häufiger anzutreffen als Wasser in der Wüste.

Der Schluß von Vers 23 ist vom griechischen Text her nicht ganz eindeutig. »Gesetz« läßt sich hier im guten Sinn des Wortes verstehen (vgl. V. 14); dann ist die Übereinstimmung mit dem Willen Gottes gemeint. Gewichtiger (und zu V. 24 passend) wird die Aussage, wenn man das Gesetz wieder als die fleischliche Macht und als den Gegner des Geistes versteht; dann geht es darum, daß der Einfluß dieses Gesetzes überwunden ist. In einem Leben aus dem Geist spielt es keine Rolle mehr (vgl. V. 25). Dies ist der Fall, wenn man »in Christus« ist (vgl. 3,26.28). Damit ist die Entscheidung gefallen. Bei der Taufe, die ein Absterben des alten Menschen und ein Mitsterben mit Christus ist (vgl. 2,20; Röm 6,6), hat der Christ das »Fleisch« mit allem, was dazu gehört, getötet.

Diese einmal gefallene und auch persönlich getroffene Entscheidung muß endgültig sein. Zumindest muß man die Folgerungen daraus ziehen und den Geist, der gesiegt hat, nun auch zum Zug kommen lassen (V. 25). Wie in 5,1 kommt es hier wieder darauf an, daß der Christ das, was er ist, auch verwirklicht, daß Sein und Verhalten übereinstimmen. So ist es ein Widerspruch, wenn es bei ihm noch Geltungsdrang, Rechthaberei, Unversöhnlichkeit und Neid gibt (V. 26; vgl. V. 15).

Sein und Sollen

Gal 5,1 und 5,24 beinhalten jeweils eine in sich spannungsvolle Doppelaussage, in der einem Sein ein entsprechendes Sollen gegenübersteht: Zur Freiheit befreit, sollt ihr frei bleiben; aus dem Geist lebend, sollt ihr dem Geist folgen. Die darin liegende Schwierigkeit wird deutlicher, wenn man Vers 25 im Zusammenhang mit Vers 24 liest: Das »Fleisch« ist bereits gekreuzigt. Der Getaufte lebt also im Geist und Christus in ihm (vgl. 2,19f.). Wozu dann noch die Mahnung, im Geist zu wandeln?

Ähnliches begegnet auch Röm 6,11f.: Ihr seid für die Sünde tot; darum soll sie euch nicht mehr beherrschen. Vgl. Röm 8,9–13. Ist die Kreuzigung des »alten Menschen« (Röm 6,6) nur das Wunschbild, nur der Anspruch? Oder ist der Christ nach Paulus neuer und alter Mensch, »gerecht und Sünder« (*M. Luther*) zugleich? Etwa in dem Sinn, daß er das »Fleisch« immer wieder töten muß?

Die Ausdrucksweise des Paulus in Gal 5,24 spricht gegen dieses Verständnis. Der Wortlaut des Urtextes besagt hier nämlich, daß nicht ein ständig zu wiederholendes, sondern ein einmalig geschehenes Kreuzigen des Fleisches gemeint ist. Der Getaufte und nun zu Christus Gehörende hat ein neues Sein aus dem Geist, das alte ist Vergangenheit (vgl. 6,15; 2 Kor 5,17). Und dennoch besteht die Gefahr, daß die Vergangenheit ihn wieder einholt (vgl. 4,8–11). Er muß in seinem Verhalten und Handeln das neue Sein bewahren.

Entscheidend wichtig ist es nun, diese Folgerung nicht wiederum als Verpflichtung im Sinne des Gesetzes zu verstehen, sondern als sich ergebende Frucht (vgl. 5,22). Dies ist der Kern der christlichen Ethik: das Tun als Frucht des Seins.

Im Alten Testament führt das gerechte Handeln zum neuen Sein vor Gott, d. h. zum Leben. Das zeigt z. B. der Text Ez 18,5–9, in dem sich wahrscheinlich der Zuspruch des Priesters am Tempeltor für den jüdischen Wallfahrer niedergeschlagen hat. Erfüllt dieser die genannten Bedingungen, so wird er eingelassen mit den Worten: »Er ist gerecht, und deshalb soll er leben« (V. 9). Bei Paulus (und schon bei Jesus) dagegen ist es genau umgekehrt: zuerst die Rechtfertigung, d. h. die gerechtmachende Vergebung, das Leben, der Geist, das Sein in Christus; und daraus ergibt sich – als Antwort, als Auswirkung – ein neues Verhalten. Die Erfahrung der Vergebung läßt das Herz überquellen von Dankbarkeit und Liebe (vgl. Lk 7,41 f. und die Geschichte von der Sünderin). Solches Glück macht dann auch großzügig und gütig gegen die anderen (vgl. Mt 18,23–34 mit einem von Jesus gezeichneten Gegenbeispiel). Während wir Menschen also Bedingungen stellen und daran den Lohn knüpfen (vgl. die kirchliche Erweiterung der Jesus-Gleichnisse in Mt 18,35; 22,11–14), hat Gott uns bedingungslos angenommen, und diese Erfahrung verändert unser Leben – sie sollte es verändern!

Es gibt Menschen, die mit knapper Not dem Tod entgangen sind, die ihr Leben nach diesem Erlebnis ganz neu zu schätzen wissen und als reines Geschenk empfinden. Die Folge davon, die »Frucht« (vgl. Gal 5,22 f.), ist eine veränderte Einstellung zu Gott, zum eigenen Ich und zum Mitmenschen. Das ist das Modell der christlichen Ethik.

5. Das Gesetz Christi (6,1–10)

Ertragt einander in brüderlicher Nachsicht! (6,1–5)

Für den Wandel im Geist, d. h. im Gehorsam gegen den Geist, führt Paulus gleich ein Beispiel an, das die Gemeinde als brüderliche Gemeinschaft betrifft: die Milde gegenüber dem Sünder

(V. 1). Diese zeigt sich nicht nur in der Nachsicht, sondern auch in der verantwortungsbewußten Fürsorge, die »einen solchen« wieder »zurechtbringt«, wieder »geradebiegt«, wie Paulus wörtlich sagt. Hinter solcher Milde, die den Gefallenen nicht demütigt, sondern aufrichtet, steht keine Selbstgerechtigkeit, sondern das Bewußtsein der eigenen Schwäche. So scharf Paulus in der Frage des Evangeliums urteilt, so großmütig und nachsichtig zeigt er sich hier. Er will den Sünder freilich nicht entschuldigen; »er nimmt ihn jedoch gegen die Härte mitleidloser Kritiker in Schutz« (U. Borse 208).

Ein weiteres Beispiel, das mit dem ersten aber zusammenhängt, ist das Miteinander im Tragen und Ertragen alles Schweren (V. 2). Genaugenommen ist sogar von einem stellvertretenden Dienst die Rede. Solche Vernachlässigung des eigenen Ich und seiner Interessen entspricht dem Gesetz, aber nicht dem alten, das den Menschen immer auf sich selbst zurückgeworfen hat, sondern dem andersartigen Gesetz Christi. Paulus kann hier »Gesetz« und »Christus«, sonst zwei Gegensätze wie Feuer und Wasser, verbinden. Denn es ist ein grundsätzlich erneuertes Gesetz und – für den Christen – nicht mehr die verhängnisvolle Macht. Röm 3,27 nennt er es sogar »das Gesetz des Glaubens«, im Unterschied zu dem »der Werke«, und Röm 8,2 »das Gesetz des Geistes und des Lebens in Christus Jesus«, das »vom Gesetz der Sünde und des Todes« befreit. Es bezeichnet letztlich die Form, von der das Leben Christi geprägt war (vgl. Röm 15,2 f.).

Das solidarische Verhalten fällt leichter, wenn man um die eigene Schwäche weiß (VV. 3–5). Denn jeder ist, bei aller Hilfe für die anderen, auch eine Last für seine Umgebung. Und da ist es nicht wichtig, wer seinen Mitmenschen mehr oder weniger zu tragen gibt. Es geht nicht an, selbstgerecht die Belastung durch die anderen zu messen und sich über die eigenen Fehler hinwegzutäuschen. Darum soll jeder, bevor er hochmütig wird, vor der eigenen Türe kehren. Er soll erst den Balken aus dem eigenen Auge ziehen, bevor er sich um den Splitter im Auge des Bruders kümmert, wie es Mt 7,3–5 heißt. Dann ist jeder genug mit sich selbst beschäftigt.

Entlohnt eure Glaubenslehrer! (6,6)

Ein anderes Problem spricht Vers 6 an: den Lebensunterhalt für die Lehrer des Evangeliums. Diese haben einen Anspruch auf Entlohnung, freilich nicht so, als würden sie ein Gewerbe betreiben (vgl. 2 Kor 2,17), sondern im Sinn einer im Evangelium selbst begründeten Gemeinschaft zwischen Lehrer und Schüler. Das Wort »teilhaben« erinnert im Urtext an Röm 12,13 und Phil 4,15. An beiden Stellen ist von der Bewährung einer Gemeinschaft durch materielle Unterstützung die Rede.

Unterricht war im Altertum durchweg Privatunterricht. Während bei den Juden die Unterweisung im Gesetz aber grundsätzlich unentgeltlich geschah – freilich gab es Ausnahmen –, wurde der griechische Lehrer für seinen Dienst entschädigt. Die Formulierung des Paulus in Vers 6 scheint sich geradezu an das entsprechende Gelöbnis des werdenden Arztes im Eid des Hippokrates anzulehnen:

> »Ich werde meinen Lehrer in dieser Kunst so hoch wie meine Eltern achten, er soll teilhaben an meinem Hab und Gut, und im Fall der Not werde ich ihm geben, was er bedarf ...«
> (zitiert nach A. Oepke 192)

Paulus selbst hat allerdings weitgehend auf die Unterstützung durch einzelne oder Gemeinden verzichtet und sich mit seiner Hände Arbeit den Lebensunterhalt verdient (1 Kor 4,12; 9,6–18; 2 Kor 11,7–11; 12,13 f.). Zu den Ausnahmen gehört – neben der sicher großzügigen Aufnahme bei den Galatern (4,13–15) – seine Versorgung durch die Philipper (2 Kor 11,8 f.; Phil 4,10.15 f.).

Tut Gutes! (6,7–10)

Die drohenden Warnungen in Vers 7 f. möchten wahrscheinlich allen vorausgehenden Mahnungen Nachdruck verleihen. Diese selbst hebt Paulus mit dem vorausgeschickten »Täuscht euch nicht!« im Sinne eines »Gebt acht!« hervor. Die Wendung gebraucht Paulus sonst noch 1 Kor 6,9 und 15,33, jeweils vor dem Hinweis auf eine allgemeingültige Erkenntnis, »über die sich der Mensch nicht ungestraft hinwegsetzen darf« (U. Borse 214).

Gott wird verspottet, wenn man seinen Willen mißachtet, wenn man seinen Geist, dessen man sich vielleicht sogar rühmt, nicht zur Geltung kommen läßt. Die zu erwartende Vergeltung steht unter dem Gesetz von Saat und Ernte. Sie ist für Paulus offenbar nicht dasselbe wie die Abrechnung nach Verdiensten, wie der Lohn für Leistungen. Der Mensch bereitet sich den Urteilsspruch selbst; denn was er jetzt »sät«, wird er beim Gericht »ernten«. Oder mit dem Bild verschiedener Ackerböden (V. 8): Je nachdem, welchem Boden er seinen Samen anvertraut, wo er »investiert« (*U. Borse* 215), wird er die Frucht des Fleisches oder des Geistes ernten. »Verderben« oder »ewiges Leben« ist dann der Ertrag seines Daseins.

Leben bedeutet säen. Darum fordert Paulus abschließend dazu auf, unermüdlich das Gute zu tun und so im Geist zu säen (V. 9 f.). Die zeitliche Beschränkung »solange wir noch Zeit haben« läßt die Erwartung des baldigen Endes anklingen (vgl. Röm 13,11; 1 Kor 7,29). Daß nicht mehr viel Zeit bleibt, setzt die Christen aber nicht unter Druck, sondern bedeutet eine Ermunterung, gerade die verbleibende Zeit noch gut zu nutzen, sie »auszukaufen«, wie es Eph 5,16 und Kol 4,5 wörtlich heißt. Daß gerade die Freude über die Nähe des Herrn Gutes tun läßt, zeigt Phil 4,4 f. Von der Güte des Christen soll auch nach Gal 6,10 niemand ausgenommen sein; sie gilt allen. Wenn Paulus die Mitchristen eigens nennt, so bedeutet das keine Einschränkung des Liebesgebots. Die christliche Gemeinde ist eben der gegebene Raum, in dem das Gute zunächst einmal zu verwirklichen ist.

VI. Schlußwort und Segenswunsch (6,11–18)

Der Anschrift und dem Gruß am Anfang (1,1–5) entsprechen Schlußwort und Segenswunsch am Ende des Briefes. Hier bietet sich dem Absender die Gelegenheit, sein Anliegen in knappster Form vorzutragen. Und da es die letzten Worte des Briefes sind und die Leser ja spätestens jetzt überzeugt werden müssen, tut er es in möglichst eindringlicher, persönlicher und gefühlsbetonter Rede. Um die Bedeutung dieses Abschnitts ermessen zu können, muß man sich in die Situation eines Anwalts versetzen. Hat man doch festgestellt, daß der ganze Galaterbrief nach dem bekannten Muster einer Verteidigungsrede vor Gericht geschrieben ist. Dementsprechend legt Paulus in die Schlußsätze seine ganze rednerische Kraft und das Gewicht seiner Persönlichkeit. Kein anderer echter Paulusbrief hat ein so umfangreiches und eindrucksvolles Schlußwort.

Das Ansinnen der Gegner: die Beschneidung (6,11–13)

Die Bedeutung des Schlußabschnitts zeigt schon seine Einleitung (V. 11). Daß Paulus hier selbst schreibt, ist nichts Ungewöhnliches. Zu seiner Zeit ersetzt nämlich der eigenhändig geschriebene Schluß die Unterschrift (vgl. 1 Kor 16,22; Phlm 19 und die persönlichen Grüße des Schreibers Röm 16,22). Aber daß er ausdrücklich darauf hinweist, unterstreicht den Einsatz des Persönlichen. Wie eine Unterstreichung (die damals nicht üblich war) ist auch die große Form der Buchstaben zu verstehen, in der er sie (nach dem griechischen Wortlaut von V. 11) geschrieben hat.

Zunächst nimmt Paulus seine Gegner nochmals vor (V. 12f.). Er zeichnet ihre Beweggründe und sie selbst in den dunkelsten Farben. Ihr Ziel ist der Beifall der Menschen (vgl. 1,10). Ob sie wirklich Verfolgung befürchten für den Fall, daß sie auf die Beschneidung verzichten, ist sehr fraglich. Wahrscheinlich wendet er einfach die eigene Erfahrung (vgl. 5,11) auf den gedachten Fall bei seinen Gegnern an. Der zweite Vorwurf geht auf die mangelhafte Gesetzeserfüllung gerade derer, die selbst beschnitten sind und auch auf die Beschneidung der anderen drängen. Ein »ermäßigtes« Gesetz (für zum Judentum Übergetretene damals möglich) gibt es für Paulus nicht (5,3!). So müssen seine Genger den eigenen Mangel mit dem ausgleichen, was sie bei anderen zugunsten des Gesetzes erreichen. Dessen rühmen sie sich dann. Dieser Vorwurf trifft einen wichtigen Punkt der kritisierten jüdischen Religiosität: den Selbstruhm wegen »fleischlicher« Gegebenheiten und Vorzüge.

Das Anliegen des Paulus: das Kreuz (6,14–15)

Dem Verhalten der Gegner setzt Paulus in Vers 14 seine eigene Art gegenüber. Er rühmt sich nicht des »Fleisches«, weder des eigenen noch eines fremden. Er rühmt sich statt dessen – im Urtext entspricht sich beides genau – des Kreuzes Christi, und dieses bedeutet gerade die Vernichtung des »Fleisches«. Nur das Kreuz verdient Ruhm; denn nur das Kreuz hat etwas bewirkt. Darum ist die Welt für Paulus und sein menschliches Ich für die Welt nichts mehr wert. Die ohnmächtig gewordene Welt stellt für ihn »keine Bedrohung und Verlockung, sie stellt nichts mehr dar« (H. Schlier 282). Und umgekehrt hat die Welt an ihm nichts mehr. Er ist ihr entzogen. Beide sind füreinander vernichtet, d.h. zu nichts gemacht, durch Jesu Tod am Kreuz (vgl. 2,19 f.; Phil 3,7–9).

Das einzige, was zählt und gültig ist, ist das vom Kreuz Bewirkte. Dies ist völlig unabhängig von der Beschneidung; denn es ist eine neue Welt (V. 15). Mit der Auferweckung des Gekreuzigten hat Gott eine »neue Schöpfung« eingeleitet. Damit ist die alte Welt und alles Alte, das zu ihr gehört, erledigt (2 Kor 5,17). Mitten in ihr ist die neue schon gegenwärtig, nicht nur in Christus selbst, dem »Erstauferweckten der Entschlafenen« (1 Kor 15,20), sondern in allen, die durch die Taufe, wie Röm 6,4 sagt, mit ihm gekreuzigt und auferweckt worden sind und so, zu ihm gehörend, »als neue Menschen leben« (vgl. 2 Kor 5,17).

So hat Gott jenseits von Jude- und Heidesein (vgl. 5,6; 1 Kor 7,19) in Christus einen neuen Anfang gesetzt. Was die jüdischen Seher der Zukunft erst vom endzeitlichen Eingreifen Gottes erwarten, das Ende der alten und den Beginn einer neuen Welt, das ist jetzt schon Wirklichkeit. Oder umgekehrt und mehr im Sinne des Paulus: Wenn die neue Welt schon angefangen hat und die alte damit – zeitlich und mit ihren Möglichkeiten – am Ende ist, dann leben wir bereits in der Endzeit. Wir erleben den Übergang zur schon angebrochenen neuen Zeit. Die Zukunft ist schon Gegenwart.

Die Wünsche des Apostels (6,16–18)

Es folgt ein erster Segenswunsch, der noch eingeschränkt wird (V. 16). Er gilt nur denen, die mit der in Vers 14 f. vorgelegten Norm übereinstimmen. Was das hinzugefügte »Israel Gottes« in diesem Zusammenhang bedeutet, die Juden oder die Christen, ist schwer zu entscheiden. Die sachliche Herkunft des Ausdrucks aus dem jüdischen 18-Bitten-Gebet und die Tatsache, daß erst viel später die Kirche als Israel bezeichnet wird, lassen zunächst an die Juden denken. Aber wegen des vorher genannten christlichen Maßstabs und wegen der Frontstellung des Briefes gegen Leute, die sich israelitisch geben, ohne es zu sein, muß man »Israel Gottes« vielleicht doch (mit den meisten Auslegern) auf die Kirche als das wahre Israel beziehen (vgl. 4,26).

Schwierigkeiten wie die mit den Galatern erlebten und im Brief behandelten verbittet sich Paulus mit dem Hinweis auf seine »Wundmale« (so wörtlich V. 17). Das sind die Wunden und Narben, die von den Mißhandlungen des Apostels herrühren (vgl. 2 Kor 4,10; 11,23–27). Vielleicht denkt er an die Brandmale, die ägyptischen Sklaven nach ihrer Flucht in den Heraklestempel zu ihrem Schutz eingebrannt wurden. Oder er will einfach sagen: Ich bin durch alle meine Leiden doch wirklich als Apostel Christi ausgewiesen. Wie könnt ihr da mein Evangelium bekämpfen? Von Cicero wird erzählt, er habe es als Anwalt vor Gericht nicht versäumt, die von Kriegsverletzungen herrührenden Narben eines Angeklagten zu erwähnen, um Richter und Zuhörer für ihn einzunehmen.

Ohne Übergang und ohne persönliche Grüße, allerdings mit der hier auffälligen Anrede »Brüder«, schließt Paulus den Brief. Das letzte ist sein apostolischer Segen (vgl. 1,3). Der Geist als Ort der Gnadenwirksamkeit begegnet bei Paulus auch Phil 4,23 und Phlm 25. Den Schlußpunkt bildet das Amen (wie sonst nur Röm 15,33; 16,27), eigentlich schon die bestätigende Antwort der Gemeinde (vgl. 1 Kor 14,16; Offb 5,14; 7,12).

DRITTER TEIL

Anhang

1. Literatur

Allgemeinverständliche Kommentare:

Becker, J., Der Brief an die Galater (Das Neue Testament Deutsch 8, S. 1–85), Göttingen 1976.

Borse, U., Der Brief an die Galater (Regensburger Neues Testament), Regensburg 1984, 262 Seiten.

Ebeling, G., Die Wahrheit des Evangeliums. Eine Lesehilfe zum Galaterbrief, Tübingen 1981, 369 Seiten.

Egger, W., Galaterbrief/Philipperbrief/Philemonbrief (Neue Echter Bibel. NT 9/11/15, über den Galaterbrief 37 Seiten), Würzburg 1985.

Lührmann, D., Der Brief an die Galater (Zürcher Bibelkommentare, NT 7), Zürich 1978, 122 Seiten.

Schneider, G., Der Brief an die Galater (Geistliche Schriftlesung 9), Düsseldorf [2]1968, 164 Seiten.

Kommentare, die Latein-, Griechisch- und Hebräischkenntnisse voraussetzen:

Mußner, F., Der Galaterbrief (Herders Theologischer Kommentar zum NT, Bd. IX), Freiburg–Basel–Wien (1974) [4]1981, XXII + 456 Seiten.

Oepke, A., Der Brief des Paulus an die Galater (Theologischer Handkommentar zum NT), Berlin [3]1973, 219 Seiten.

Schlier, H., Der Brief an die Galater (Kritisch-exegetischer Kommentar über das NT), Göttingen [5]1971, 287 Seiten.

Sonstige Literatur zum Galaterbrief und zu Paulus:

Bornkamm, G., Paulus (Urban-Taschenbücher 119), Stuttgart–
Berlin–Köln–Mainz ⁵1983, 260 Seiten.

Eckert, J., Die urchristliche Verkündigung im Streit zwischen
Paulus und seinen Gegnern nach dem Galaterbrief (Biblische
Untersuchungen 6), Regensburg 1971, XII + 260 Seiten.

Trilling, W., Mit Paulus im Gespräch. Das Lebenswerk des großen
Völkerapostels – eine Hinführung, Graz–Wien–Köln 1983, 176
Seiten.

2. Bibelarbeit – Fragen

1. Vergleichen Sie die beiden Eingangsabschnitte des Galaterbriefs (1,1–5.6–9) mit denen der anderen Paulusbriefe!

2. Zählen Sie die historischen Angaben auf, mit denen Paulus in Kapitel 1 und ähnlich in 2,1–10.11–14 die menschliche Unabhängigkeit seines Apostelamts und seines Evangeliums beweist!

3. Die Bekehrung bzw. Berufung des Paulus wird Apg 9,3–19 sehr anschaulich dargestellt. Vergleichen Sie damit, nach Form und Inhalt, die Aussagen von Gal 1,15–17; 1 Kor 9,1; 15,8f. und 2 Kor 4,6!

4. Vergleichen Sie den Bericht von Anlaß, Verlauf und Ergebnis des »Apostelkonzils« in Apg 15,1–29 mit dem in Gal 2,1–10!

5. Die Rede Gal 2,15–21 richtet sich der Form nach an Kephas, der Sache nach an die Galater. Inwiefern gleicht deren Verhalten dem des Kephas in Antiochia?

6. Nennen Sie den Kern des paulinischen Evangeliums nach dem Galaterbrief!

7. Was meint Paulus im Galaterbrief mit »Glauben« und »Freiheit«?

8. Nennen Sie die Gemeinsamkeiten des Evangeliums bei Jesus und bei Paulus!

9. Nennen Sie den wesentlichen Unterschied zwischen Rechtfertigung im Geist bei Paulus und (jüdischer) Rechtfertigung im Fleisch!

10. Welche heilsgeschichtliche Rolle spielt nach Gal 3 das Gesetz?

11. Was verbindet die Christen mit Abraham, was mit Sara und ihrem Sohn?

12. Inwiefern sind Sklaven und Freie in Christus »einer«?

13. Warum steht in Gal 5,22 »Frucht« und nicht »Werke des Geistes«?

Zum Verfasser

Walter Radl, geb. 1940 in Aussig an der Elbe, Studium der Philosophie, Theologie und Geschichte in Innsbruck und Bonn, 1968–1970 Vorbereitungsdienst für das Lehramt an Gymnasien in Düsseldorf mit den Fächern Religion und Geschichte, 1970–1984 Wissenschaftliche Hilfskraft bzw. Wissenschaftlicher Assistent an der Ruhr-Universität Bochum, 1974 Promotion zum Dr. theol., 1980 Habilitation, Privatdozent in Bochum, Lehrauftrag an der Universität Dortmund, 1984 Professor für Neutestamentliche Exegese an der Universität Augsburg.